大学生
网络道德教育研究

宗 伟 著

中国纺织出版社有限公司

图书在版编目(CIP)数据

大学生网络道德教育研究 / 宗伟著. -- 北京 : 中国纺织出版社有限公司, 2025. 4. -- ISBN 978-7-5229-2755-8

Ⅰ. G641.6

中国国家版本馆CIP数据核字第2025Q0T318号

责任编辑：张　宏　　责任校对：王花妮　　责任印制：储志伟

中国纺织出版社有限公司出版发行
地址：北京市朝阳区百子湾东里A407号楼　邮政编码：100124
销售电话：010—67004422　传真：010—87155801
http://www.c-textilep.com
中国纺织出版社天猫旗舰店
官方微博http://weibo.com/2119887771
河北延风印务有限公司印刷　各地新华书店经销
2025年1月第1版第1次印刷
开本：710×1000　1/16　印张：12
字数：195千字　定价：98.00元

凡购本书，如有缺页、倒页、脱页，由本社图书营销中心调换

前　言

随着信息化时代的到来，网络已深刻融入人们的日常生活之中。尤其是对于大学生群体，网络不仅成为他们学习、交流和获取信息的重要途径，也成为他们表达思想、塑造个性、展现自我价值的重要平台。然而，随着互联网技术的快速发展和网络空间的无序扩张，网络道德问题逐渐浮现，尤其是在大学生群体中，网络道德的失范现象日益严重。由此，如何在这一群体中有效开展网络道德教育，成为社会各界关心的焦点问题。近年来，网络暴力、虚假信息传播、隐私侵犯以及网络成瘾等问题频繁出现，对大学生的身心健康以及社会道德建设带来了极大隐患。面对这些问题，如何为大学生塑造正确的网络道德观念，培养其在复杂多变的网络环境中具备良好的道德判断和行为规范，已成为高校教育和社会治理领域亟待解决的重要课题。在这一背景下，网络道德教育逐渐成为高校教育的重要组成部分。近年来，国内学术界和教育界对于大学生网络道德教育的研究逐渐深入，许多研究成果为高校教学和政策制定提供了有力支持。然而，虽然已有大量的研究就大学生网络道德教育的现状、理论基础和实践措施展开了探讨，但由于网络环境的迅猛变化以及大学生群体的多样性，现有研究仍然面临一些难以解决的问题。

本书共分为七章，内容涵盖了大学生网络道德教育的各个重要方面。从理论框架到实践操作，从现状分析到创新策略，本书力求为学术界、教育工作者和政策制定者提供一份完整的网络道德教育参考蓝图。在第一章中，笔者首先对研究背景进行了详细阐述，明确了大学生网络道德教育的重要性和紧迫性。通过对当前网络道德问题的分析，提出了高校网络道德教育的研究价值与社会意义。第二章深入探讨了大学生网络道德的现状，详细分析了大学生在网络环境中的行为特点、道德困境及其表现形式，揭示了在日常生活中大学生面临的网络道德问题，且重点关注网络暴力、虚假信息和网络欺凌等现象。第三章从理论的高度出发，系统梳理了道德教育的基本理论，并进一步探讨了网络道德教育的相关理论，提出了"网络伦理与网络道德"的内在关系，强调了互联网时代道德教育的新挑战与新机遇。第四章则聚焦国内高校网络道德教育的实践情况，分析了当前高校网络道德教育的实施效果、成功案例和面临的困境，重点探讨了传统教育模式与现代信息技术相结合的成功实践，并提出了具体的改进方向。第五章和第六章主要探讨了大学生网络道德教育的内容与形式。特别是针对当前教育实践中普遍存在的内容单一、形式单调的问题，本书列出了多样化的教育内容与形式创新，倡导将传统的课堂教育、校园文化建设与信息技术手段相结合，力求通过多元化的教育手段提升大学生的网络道德素养。第七章则重点研究了网络道德教育的评估与反馈机制，结合实际案例，提出了科学的评估指标体系和反馈改进策略，为教育效果的持续提升提供了理论支持。

  本书不仅是对当前高校网络道德教育现状的一次全面总结，也是对未来网络道德教育探索与实践的一次前瞻性思考。随着互联网技术的不断进步，网络空间中的道德问题愈加复杂与多元化，大学生作为新时代的主力军，对其网络道德素养的培养已成为社会发展的重要基础。通过对网络道德教育的系统研究，本书为高校在新时代背景下的教育创新提供了理论依据和实践路径，且具有重要的理论价值与现实意义。首先，从学术角度看，本书系统总结了网络道德教育的相关理论，拓展了道德教育理论的内涵，并结合实际提出了多种创新性的教育模式和实施策略，为相关研究提供了有益的启示。其次，从教育实践角度看，本书针对当前网络道德教育面临的种种问题，提出了具体的解决方案，尤其是在教育内容、教育形式和教育手段的创新上具有较高的参考价值。高校可以根据本书中的理论与实践成果，优化网络道德教育课程设计，完善网络道德教育机制，提高大学生的网络道德素养，为培养新时代德智体美劳全面发展的高素质人才奠定基础。最后，从社会层面来看，本书对提升全社会的网络道德意识和行为规范具有积极意义。在信息化社会中，大学生不仅是学术研究的主力军，更是网络空间的重要参与者，如何通过有效的网络道德教育培养大学生的网络行为规范，已成为社会各界广泛关注的课题。本书的出版，为解决这一社会问题提供了理论支持与教育方案，推动了社会整体网络道德水平的提升。

著者

2025 年 1 月

目 录

第一章 导论 1
   第一节 研究背景与意义 1
   第二节 研究目的与方法 3
   第三节 相关概念界定 5
   第四节 研究框架与内容安排 9

第二章 大学生网络道德的现状分析 11
   第一节 网络道德的定义与内涵 11
   第二节 大学生网络道德的普遍状况 22
   第三节 大学生网络道德问题的表现形式 28

第三章 网络道德教育的理论基础 39
   第一节 道德教育的基本理论 39
   第二节 网络道德教育的相关理论 49
   第三节 网络伦理与网络道德的关系 58

第四章 国内网络道德教育的实践与探索 65
   第一节 国内高校网络道德教育的现状 65
   第二节 网络道德教育的成功案例 71

第五章 大学生网络道德教育的内容与形式 83
   第一节 网络道德教育的主要内容 83

第二节　网络道德教育的实施形式························96
　　第三节　网络道德教育的创新方式························107

第六章　大学生网络道德教育的实施策略·····························123
　　第一节　传统教育方式与网络道德教育的结合··············123
　　第二节　校园文化建设对网络道德教育的影响··············132
　　第三节　信息技术在网络道德教育中的应用················142

第七章　大学生网络道德教育的评估与反馈·····························151
　　第一节　网络道德教育效果评估的指标体系················151
　　第二节　评估方法与工具································160
　　第三节　教育效果的反馈与改进··························173

参考文献··183

第一章 导论

第一节 研究背景与意义

一、研究背景

在当今数字化时代,互联网已经深度融入社会生活的各个领域,成为人们获取信息、交流沟通、学习娱乐的重要平台。根据数据显示,截至2024年6月,我国网民规模约11亿人(10.996 7亿人),较2023年12月增长742万人,互联网普及率达78.0%。对于大学生群体而言,网络的使用更是前所未有的广泛。据权威数据统计,几乎100%的大学生拥有个人网络设备,且每天平均上网时长超过6小时❶。他们通过网络进行课程学习、参与社交活动、探索知识边界以及开展各种与兴趣爱好相关的活动。然而,网络在为大学生带来丰富资源和便捷体验的同时,也引发了一系列不容忽视的网络道德问题。网络信息传播呈现出速度极快、范围极广且内容繁杂的特点。一方面,海量信息以近乎实时的速度在网络空间中快速扩散,信息的生产与传播门槛大幅降低,导致大量未经严格筛选和审核的内容充斥其中;另一方面,信息内容的多样性涵盖了正面与负面、真实与虚假、积极与消极等各种类型。由于大学生正处于价值观形成的关键时期,其心理和认知发展尚未完全成熟,缺乏足够的辨别能力和自我约束能力。面对网络上纷繁复杂的信息时,他们很容易受到不良信息的影响。例如,一些低俗、暴力、色情的内容可能会扭曲和误导大学生的道德观念,使其对美丑、善恶的判断标准产生偏差;虚假信息的传播可能导致大学生在获取知识和认知世界时产生误解,进而影响其思维方式和行为模式;网络中的恶意攻击、谣言传播等不道德行为,也

---

❶ 中国互联网络信息中心(CNNIC).第54次《中国互联网络发展状况统计报告》[R/OL]. (2024-08-29) [09:30:26].

可能引发大学生的模仿心理，降低他们对网络道德规范的敬畏感。此外，由于网络的虚拟性和匿名性特点，使得部分大学生在网络环境中放松了对自身行为的约束，出现网络言行失范、诚信缺失等问题。

二、研究意义

（一）理论意义

随着网络技术的飞速发展，网络道德教育作为一个新兴的研究领域，尚处于不断发展和完善的阶段。本研究通过对大学生网络道德教育的深入探讨，从大学生这一特定群体的特点和需求出发，系统分析了网络道德教育的目标、内容、方法和策略等方面，能够为网络道德教育理论体系的构建提供新的视角和内容，进一步丰富和细化该领域的理论框架，并为相关学科发展提供参考。大学生网络道德教育涉及多个学科领域，如教育学、心理学、伦理学、社会学等。本研究的成果可以为这些相关学科在网络环境下的交叉研究提供实证依据和理论参考。例如，在教育学领域，有助于完善网络教育教学理论，探索适合网络时代的教育方法和模式；在心理学领域，为研究网络环境对大学生心理和行为的影响提供案例和数据支持，促进网络心理学的发展；在伦理学领域，丰富网络伦理的研究内容，推动网络伦理规范的制定和完善；在社会学领域，为分析网络社会中大学生群体的行为特征和社会关系提供研究素材，助力网络社会学的发展。

（二）实践意义

1. 帮助大学生树立正确网络道德观念

通过深入研究大学生网络道德教育，能够有针对性地开展教育活动，引导大学生正确认识网络的本质和特点，明确网络行为的道德边界，使他们在面对网络信息时具备理性判断和选择的能力，从而树立正确的网络道德观念。这有助于大学生在网络空间中自觉遵守道德规范，以积极健康的心态参与网络活动，提升自身的道德素养和综合素质。

2. 规范大学生网络行为

当前部分大学生在网络使用过程中存在的诸多不道德行为，不仅影响自身形象，也对网络环境造成了不良影响。本研究旨在探寻有效的网络道德教育策略，通过教育引导和行为约束，帮助大学生规范自己的网络言行，减少网络暴力、虚假信息传播、抄袭作弊等不道德行为的发生，促使大学生在网络空间中形成良好的行为习惯，营造文明、和谐的网络氛围。

3.促进高校网络道德教育工作有效开展

高校作为大学生教育的主阵地，承担着培养大学生良好道德品质和网络素养的重要责任。本书通过对大学生网络道德现状的分析以及教育策略的探索，能够为高校网络道德教育工作提供科学的指导和实践参考。高校可以根据研究成果，优化网络道德教育课程设置，创新教育教学方法，加强师资队伍建设，完善教育管理机制，从而提高网络道德教育的针对性和实效性，进一步推动高校网络道德教育工作的深入开展。

第二节 研究目的与方法

（一）研究目的

为了全面、系统地掌握大学生在网络使用过程中的道德观念、行为表现以及存在的问题，需要通过对不同专业、年级、性别大学生的调查研究，分析他们在网络道德认知、情感、意志和行为等方面的差异，揭示大学生网络道德现状的整体特征和内在规律。这有助于准确把握大学生网络道德教育的现实基础，为制定科学合理的教育策略提供依据。在深入了解大学生网络道德现状的基础上，再结合网络时代的特点和大学生的身心发展规律，探索一套切实可行、行之有效的网络道德教育策略。这些策略将涵盖教育目标的设定、教育内容的优化、教育方法的创新、教育资源的整合以及教育环境的营造等多个方面，旨在提高网络道德教育的质量和效果，增强网络教育的吸引力、感染力和说服力。这是本研究的核心目标。通过实施有效的网络道德教育策略，引导大学生形成正确的网络道德价值观，培养他们良好的网络道德行为习惯，提高其在网络环境中的道德判断能力、自我约束能力和社会责任感。使大学生能够在网络空间中自觉践行网络道德规范，积极传播正能量，成为网络文明的倡导者和践行者，为营造健康、有序的网络环境贡献自己的力量。

（二）研究方法

1. 文献研究法

通过广泛查阅各类图书资料、电子期刊以及丰富的网络信息等文献资源，全面搜集国内外针对大学生网络道德教育及其相关问题的研究成果。深入探究大学生网络道德教育领域的理论动态与发展趋向，仔细研读文献资料中的关键论点，将与大学生网络道德教育核心问题紧密相关的资料进行系统整合与归纳。这不仅为大学生网络道德教育研究奠定坚实的思想基础，提供充足的理论资源，更能确保研究成果处于该领域学术前沿。

2. 调查研究法

运用问卷调查这一科学研究方法，全面、客观地收集关于大学生网络道德行为具体表现的量表数据与统计结果。这些数据作为本研究的重要依据，为深入剖析大学生网络道德教育的核心观点提供真实可靠的数据支撑。

问卷设计遵循网上基本情况、网络认知状况、网络道德行为状况、网络道德影响状况的逻辑脉络，从多个维度、多个层次深入考察大学生网络道德行为的具体呈现以及实际存在的问题。对收集到的大量调查数据进行系统的归纳与分类整理，并运用学术化的理论语言将现实状况清晰、直观的呈现。基于丰富的数据资料，深入挖掘大学生网络道德行为的一般特征以及影响因素，科学剖析大学生网络道德问题背后深层次的价值观根源，从而准确把握大学生网络道德行为与道德教育之间的内在紧密联系，为后续提出针对性的教育策略提供有力的数据依据。

3. 理论分析与现实分析相结合

在思想政治教育学科视域下，大学生网络道德教育问题并非简单的静态理论研究命题，而是一个具有强烈社会现实感且处于不断变化发展中的动态实践命题。这一问题不仅深刻反映了高校思想政治教育在网络时代的新趋势，更直接关系到新时代中国特色社会主义精神文明建设中网络道德文化的现代化推进。因此，本研究运用理论逻辑和综合分析的方法，从静态与动态两个维度展开深入探讨。一方面，精准把握大学生网络道德教育问题的静态理论本质，明确网络道德教育的基本内涵、目标任务和理论依据；另一方面，密切关注大学生网络道德教育问题的动态发展态势，及时了解网络环境变化、大学生思想行为转变等因素对网络道德教育带来的新挑战和新机遇。

4. 跨学科研究

大学生网络道德教育问题是一个涉及多学科领域的综合性理论与实践问题，并非仅局限于思想政治教育学科范畴。大学生网络道德行为的具体表现和形成特点，既受到大学生自身认知水平、思维方式、心理状态等主观因素的影响，也与社会的教育水平、管理模式、文化氛围等客观现实条件密切相关。鉴于此，要深入剖析大学生网络道德教育问题及其成因，不仅要充分运用思想政治教育学的基本原理和方法论作为指导，还要广泛汲取教育学、社会学、政治学、伦理学、传播学等多学科的相关理论成果。

第三节　相关概念界定

一、网络环境

随着信息技术的飞速发展，网络环境已深度融入社会生活的各个层面，成为人们获取信息、交流沟通、娱乐休闲以及开展各类社会活动的重要平台。

在当代大学生的生活中，网络环境的重要性愈加凸显，已然成为他们日常学习和生活不可或缺的关键部分。从学习层面来看，网络为大学生提供了丰富的学术资源，各类在线课程、学术数据库以及专业论坛，使他们能够突破传统教育资源的时空限制，接触到全球范围内的前沿知识和最新学术成果。在生活方面，网络社交平台让大学生能够便捷地与家人、朋友保持联系，拓展社交圈子；各种生活服务类应用则满足了他们购物、出行、娱乐等多样化的生活需求。网络环境具有诸多鲜明特征。首先，信息传播速度极快，一条信息能够在瞬间跨越地域限制，传遍全球。这一特性使得信息的传播效率大幅提升，但也带来了信息过载的问题，大量未经筛选的信息如潮水般涌来，给大学生辨别和筛选有效信息带来了挑战。其次，互动性强是网络环境的显著优势，用户不仅能够接收信息，还能实时参与信息的创作、分享与讨论。这种互动性促进了知识的交流与创新，但也容易引发观点的冲突和情绪化的表达。再次，匿名性较高是网络环境的一个重要特点，用户在网络中可以使用虚拟身份进行活动，这虽然在一定程度上保护了个人隐私，但也使得部分人在网络中放松了对自身行为的约束，导致一些不道德甚至违法的行为时有发生。最后，网络环境的受众广泛，涵盖了不同年龄、性别、地域、文化背景的人群，这使得网络信息的多样性和复杂性进一步增加。网络环境为大学生打开了一扇通往广阔世界的窗户，拓宽了他们的视野，丰富了他们的知识储备和生活体验。然而，由于其自身的开放性和复杂性，也不可避免地伴随着各种网络道德问题。例如，信息的快速传播可能导致虚假信息和不良思想的迅速扩散，影响大学生正确价值观的形成；匿名性和互动性则可能引发网络暴力、恶意攻击等行为，对大学生的身心健康造成伤害。

二、网络伦理

网络伦理作为一门新兴的交叉学科领域，旨在探讨网络环境中个体、群体和社会之间复杂的道德关系。它是随着网络技术的迅猛发展而逐渐兴起的，旨在应对网络空间中出现的一系列新的道德问题和挑战。

在网络环境中，信息和资源的传播与共享前所未有的便捷，但这也引发了诸多关于如何合理、道德地使用它们的思考。例如，在信息爆炸的时代，如何确保信息的真实性、可靠性以及合法性，避免虚假信息和有害信息的传播，成为网络伦理关注的重要问题。同时，随着大数据、云计算等技术的广泛应用，个人信息的收集、存储和使用方式也发生了巨大变化，如何保护个人隐私，防止个人信息被非法获取和滥用，成为网络伦理研究的核心议题之一。

网络伦理作为一个学术领域，旨在深入研究网络技术对人类行为道德规范的影响。它涵盖了多个方面的内容，隐私保护是其中的重要一环。在网络环境下，个人的各种信息如姓名、年龄、住址、电话号码及消费记录等都可能被收集和存储，一旦这些信息泄露，将给个人带来严重的安全隐患和利益损害。因此，网络伦理要求在信息收集、使用和共享过程中，必须遵循严格的道德准则，确保用户的隐私得到充分保护。

信息安全也是网络伦理关注的重点。网络的开放性和互联性使得信息面临着诸多安全威胁，如黑客攻击、病毒传播、数据篡改等。保障信息的完整性、保密性和可用性，是维护网络空间正常秩序的基础。网络伦理强调，无论是个人、组织还是企业，都有责任采取必要的技术和管理措施，从而确保信息的安全。

版权保护同样是网络伦理不可忽视的部分。在网络时代，信息的复制和传播变得轻而易举，这使得版权问题日益突出。未经授权的复制、传播和使用他人的作品，不仅侵犯了创作者的合法权益，也破坏了网络文化创作的生态环境。网络伦理倡导尊重知识产权，鼓励合法的信息传播和文化创作，通过法律和道德的双重约束来维护网络空间的版权秩序。

网络伦理不仅关注个体行为的道德规范，还致力于通过制度和技术手段来规范网络行为。制度层面，需要建立健全相关的法律法规和行业规范，明确网络行为的边界和准则，对违反网络伦理的行为进行严厉惩处。技术层面，需要研发和应用各种安全技术、监控技术和过滤技术等，利用技术手段保障网络空间的安全和有序。

三、网络素养

在当今数字化时代，网络已成为人们获取信息、交流互动和参与社会生活的重要工具，因此，具备良好的网络素养对于个体的发展和社会的进步都具有深远意义。

在信息获取方面，网络素养要求个体能够熟练运用各种网络工具和搜索引擎，准确、高效地找到自己所需的信息。面对网络上海量的信息资源，个体需要具备敏锐的信息洞察力，能够辨别信息的来源和可靠性，从中筛选出有价值的信息。例如，在学术研究中，能够从众多的网络文献中筛选出权威、可靠的资料，为研究提供有力支持。

信息处理能力是网络素养的重要组成部分。这包括对获取到的信息进行分析、归纳、整理和加工，使其能够为个体所用。个体需要学会运用批判性思维，对信息进行客观评价，不盲目接受和传播信息。例如，在面对网络上纷繁复杂的观点和言论时，能够理性分析其合理性和局限性，并形成自己独立的见解。

评价信息的能力则要求个体能够从多个角度对信息进行评估，包括信息的真实性、准确性、客观性以及价值性等。在网络环境中，信息的质量参差不齐，虚假信息、误导性信息和片面信息屡见不鲜。具备良好网络素养的个体能够运用自己的知识和经验，结合信息的来源、传播渠道以及相关证据，对信息进行全面、准确地评价，从而避免被不良信息所误导。

除了信息处理能力，网络素养还强调个体在网络中的安全、文明交往能力。在网络社交中，个体需要遵守一定的道德和法律规范，尊重他人的权利和尊严，避免发表不当言论和进行恶意攻击。同时，要注意保护自己的个人信息和隐私安全,防止在网络交往中受到侵害。例如,在使用社交媒体时,谨慎设置个人隐私权限,不随意透露敏感信息。

对于大学生而言,网络素养的重要性尤为突出。网络已经成为他们学习、生活和社交的重要平台,其网络素养的高低直接影响到他们的学习效果、身心健康以及未来的发展。高水平的网络素养能够帮助大学生更好地筛选和利用网络信息,提高学习效率和综合素质。同时,在面对网络中的各种诱惑和挑战时,能够做出正确的道德判断和行为选择,减少受到不良信息影响的风险。例如,具备良好网络素养的大学生能够自觉抵制网络暴力、色情、赌博等不良信息,积极参与健康向上的网络活动,传播正能量。此外,网络素养还涉及对法律和社会责任的认知。大学生作为社会的未来栋梁,应当充分了解网络相关的法律法规,明确自己在网络环境中的权利和义务,积极承担起维护网络秩序和社会公共利益的责任。通过提高网络素养,大学生能够更好地适应数字化时代的发展需求,成为有担当、有责任感的网络公民。

四、网络行为

随着互联网技术的不断发展和普及,网络行为的形式和内容也在不断演变和拓展,其复杂性和多样性给网络道德教育带来了诸多挑战。信息发布行为是网络行为的重要组成部分。在网络环境中,个体拥有极大的信息发布自由,能够通过各种平台如社交媒体、博客、论坛等,随时随地发布文字、图片、视频等多种形式的信息。这种信息发布的便捷性方便了个体表达自我、分享经验和见解,但也容易导致信息的泛滥和失控。一些人可能出于各种目的,发布虚假信息、谣言、低俗内容或有害信息,不仅会误导公众,还可能引发社会不稳定因素。大学生作为网络信息的重要发布者之一,其信息发布行为既可能传播积极向上的思想和知识,也可能因缺乏正确的引导和自律,发布一些不当信息,对自身和他人造成负面影响。

内容消费行为则涉及个体在网络上获取和使用各种信息资源的活动。这包括浏览新闻、观看视频、阅读文章、玩网络游戏等。网络内容的丰富性和多样性虽然满足了不同个体的兴趣和需求,但也存在着大量不良内容,如暴力、色情、恐怖等信息。大学生在进行内容消费时,如果缺乏辨别能力和自我约束能力,很容易沉迷于不良内容,影响身心健康和学业发展。

在线交流和社交互动行为是网络行为的核心部分。网络社交平台打破了时间和空间的限制，使人们能够轻松地与世界各地的网民进行交流和互动。大学生通常通过各种社交软件如微信、QQ、微博等，与同学、朋友、家人保持联系，拓展社交圈子。然而，这种虚拟社交也带来了一些新的问题。例如，网络交流的匿名性和虚拟性可能导致一些人在交流中言行失当，出现网络暴力、恶意攻击、虚假交友等现象。此外，过度依赖网络社交可能会影响大学生现实中社交能力的发展，导致他们在现实生活中出现沟通障碍和人际交往困难。

大学生在网络环境中的行为具有两面性。一方面，他们具有较强的创新意识和探索精神，能够积极利用网络资源进行学习、开展公益活动、参与社会事务讨论等，展现出积极向上的网络行为。例如，一些大学生通过网络平台组织志愿者活动，传播正能量；利用在线学习资源提升自己的专业知识和技能。另一方面，由于他们的心理和认知发展尚未完全成熟，缺乏足够的社会经验和自我约束能力，在网络环境中也可能出现一些负面行为。如参与网络暴力、传播虚假信息、发表不当言论等。这些负面行为不仅损害了网络环境的健康发展，也对大学生自身的成长和发展产生了不利影响。

深入理解大学生的网络行为，对于针对性地设计有效的网络道德教育策略至关重要。通过对大学生网络行为的研究，我们可以了解他们在网络环境中的需求、动机和行为模式，找出影响他们网络行为的因素，从而制定出更加符合实际情况的教育方案。例如，针对大学生在信息发布方面存在的问题，可以加强对他们的媒介素养教育和道德教育，提高他们的信息辨别能力和责任意识；对于大学生在网络社交中的不良行为，可以通过开展心理健康教育和社交技能培训，引导他们树立正确的社交观念，并学会在虚拟社交中保持理性和自律。

第四节 研究框架与内容安排

本书采用系统的研究方法，构建了一个逻辑清晰、层次分明的研究框架，旨在全面、深入地探讨大学生网络道德教育问题。研究框架主要包括以下几个部分（图1-1）。

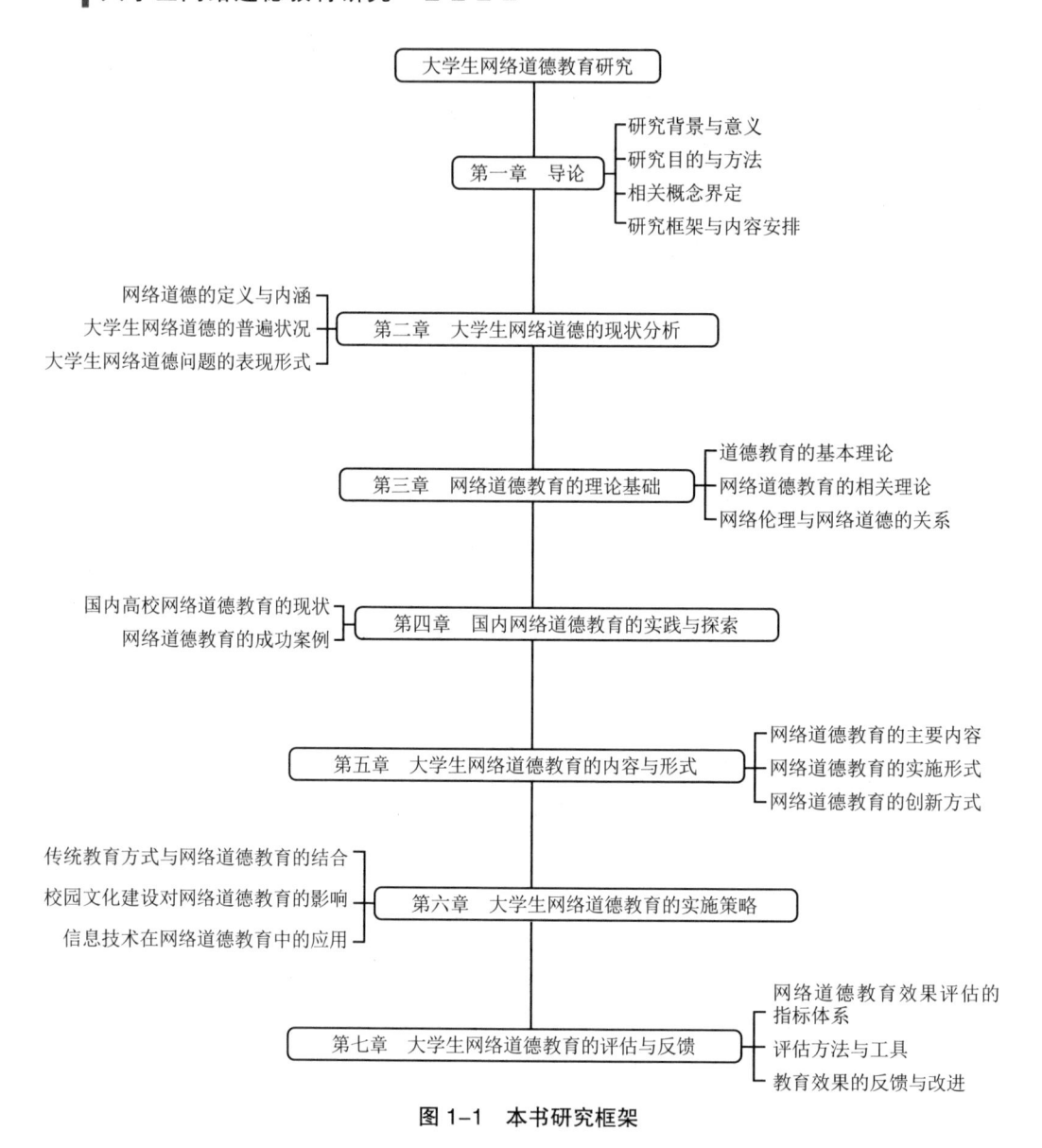

```
大学生网络道德教育研究
                                    ┌─ 研究背景与意义
                    ┌─ 第一章 导论 ──┤ 研究目的与方法
                    │               │ 相关概念界定
                    │               └─ 研究框架与内容安排
                    │
网络道德的定义与内涵 ─┐
大学生网络道德的普遍状况 ─┼─ 第二章 大学生网络道德的现状分析
大学生网络道德问题的表现形式 ─┘
                    │
                    │               ┌─ 道德教育的基本理论
                    ├─ 第三章 网络道德教育的理论基础 ──┤ 网络道德教育的相关理论
                    │               └─ 网络伦理与网络道德的关系
                    │
国内高校网络道德教育的现状 ─┐
网络道德教育的成功案例 ─────┼─ 第四章 国内网络道德教育的实践与探索
                    │
                    │               ┌─ 网络道德教育的主要内容
                    ├─ 第五章 大学生网络道德教育的内容与形式 ──┤ 网络道德教育的实施形式
                    │               └─ 网络道德教育的创新方式
                    │
传统教育方式与网络道德教育的结合 ─┐
校园文化建设对网络道德教育的影响 ─┼─ 第六章 大学生网络道德教育的实施策略
信息技术在网络道德教育中的应用 ───┘
                    │
                    │               ┌─ 网络道德教育效果评估的指标体系
                    └─ 第七章 大学生网络道德教育的评估与反馈 ──┤ 评估方法与工具
                                    └─ 教育效果的反馈与改进
```

图 1-1 本书研究框架

第二章 大学生网络道德的现状分析

第一节 网络道德的定义与内涵

一、网络道德的定义

(一) 网络道德产生的时代背景

在数字化时代,网络虚拟空间与通信交往已深度融入当代人类生活,成为不可或缺且至关重要的社会活动领域。随着信息技术的飞速发展,网络的触角延伸至社会的各个角落,改变了人们获取信息、交流互动以及社会参与的方式。在这一网络活动中,人类则始终作为实践主体存在。从哲学层面来看,道德并非凭空产生,而是源于人类的生命实践活动。正如马克思所强调的,实践是人类认识世界和改造世界的基础,道德观念也正是在人类不断地实践过程中逐渐形成和发展的。因此,即便处于网络这一虚拟空间,人类内在的道德精神依然会依据自身的实践需求,衍生出相应的道德原则和标准要求,进而构建起网络空间特定的道德框架——网络道德。

网络社会凭借其强大的信息收集与传播能力,从经济、政治、文化、科技、教育、军事等诸多领域汇聚海量庞杂的信息,并将其迅速传递给世界各地的人们。这种信息的高效流通,使人们能够突破时间和空间的限制,更快速、便捷地了解世界、认识世界。从传播学的角度分析,网络传播的即时性、广泛性和互动性,极大地拓展了人们的认知边界,推动了知识的共享与信息交流。在文化层面,网络社会的发展有力地促进了社会文化的多元发展与融合。不同地区、不同文化背景的人们通过网络相互交流,促进了各种文化思潮相互碰撞,激发了新的文化创意和思想火花。同时,网络信息的传播也深刻影响着人们的价值观、主观意识、思维方式以及心理状态。例如，网络上丰富的知识资源和多元的观点表达，促使人们更加独立地思考问题，改变了传统的思维模式；而网络社交的兴起，也在一定程度上改变了人们的人际交往方式和心理需求。而网络自身蕴含着极为丰富的道德内涵，这是其在社会发展过程中不可忽视的重要特性。

（二）网络道德的独特地位与作用

在网络时代，"网络道德"具有独特的地位，它既无法被传统的道德范畴或伦理规范体系完全涵盖，又具有自身鲜明的特征与强大的功能，且正发挥着巨大的作用。传统道德体系是在长期的现实社会生活中形成的，其建立在面对面的人际交往、相对稳定的社会结构以及特定的地域文化基础之上。然而，网络空间的虚拟性、开放性和跨地域性等特点，使得传统道德在应对网络社会的新问题、新挑战时显得力不从心。

网络道德具有独有的特征。从空间维度看，网络打破了现实世界的地域限制，使得道德行为的发生不再局限于特定的物理场所，这就要求道德具有更广泛的适用性和包容性。从主体关系角度分析，网络交往中主体身份的隐匿性和不确定性，进一步增加了道德约束的难度，也对网民的道德自律提出了更高的要求。在功能方面，网络道德不仅能够规范网络行为，维护网络空间的秩序，还能通过引导网民的价值取向，促进网络文化的健康发展。例如，在网络舆论引导方面，积极的网络道德观念能够引导网民理性看待热点事件，避免情绪化的恶意传播和谣言的扩散，从而营造良好的网络舆论环境。

在社会发展的任何阶段，道德都起着至关重要的引导作用。网络社会的兴起，改变了社会各方面的关系，传统的社会秩序和道德规范面临新的调整需求。网络空间中的生产与生活秩序需要新的标准、规范与观念去引导和调节。这是因为网络社会的发展速度极快，新的网络应用和社交模式不断涌现，如果缺乏相应的道德引导，可能会导致网络犯罪、信息泄露、网络暴力等一系列问题，严重影响网络社会的可持续发展。因此，网络道德作为一个崭新的道德体系，它不仅是现实道德在网络平台上的延伸与拓展，更是适应网络社会特殊需求的新道德要求。

（三）网络道德的学术探讨

自网络道德形成以来，其内涵便受到广大学者的广泛关注与深入研究。通过

第二章 大学生网络道德的现状分析

对大量相关文献的研读可以发现，学者们对网络道德概念的阐释虽在文字表述上存在差异，但总体上都是从现实道德的概念角度出发，通过剖析现实道德与网络道德的辩证统一关系来深入挖掘网络道德的内涵。

漆小萍认为"网络道德，顾名思义，是指人们在应用网络时所遵循的行为准则和道德规范的总和。"❶这一观点强调了网络道德的实践性和规范性，即网络道德是人们在网络应用这一具体行为过程中所应遵循的一系列准则和规范。从伦理学的实践维度来看，道德规范的制定是为了引导人们在具体行为中做出正确的选择，漆小萍的观点明确了网络道德在网络行为中的指导作用，为人们在网络活动中的行为提供了明确的道德指引方向。

邱伟光认为"网络道德是人在处理与网络的关系时应当遵守的道德观念和行为准则。"❷这一论述从人与网络的关系层面出发，突出了网络道德的主体性。在网络环境中，人作为道德行为的主体，如何正确处理与网络这一客体的关系，是网络道德需要关注的核心问题。这不仅涉及人们在网络使用过程中的权利与义务，还关乎如何在网络环境中保持道德操守，实现人的全面发展。

连良认为"所谓网络道德，是人们通过电子信息网络而发生的社会行为进行规范的伦理准则，是人类社会发展到网络时代，现实社会道德在网络世界的具体反映，是道德行为主体在网络活动中所应遵循的道德规范和所应具备的道德品质，是网络世界所特有的一种社会道德。"❸这一观点较为全面地阐述了网络道德的本质属性。它既强调了网络道德与现实社会道德的渊源关系，即网络道德是现实道德在网络时代的延伸和具体体现；又突出了网络道德的独特性，即其作为网络世界特有的社会道德，具有适应网络环境的特殊规范和品质要求。从道德社会学的角度分析，网络道德的形成是社会发展的必然结果，它反映了网络时代社会结构和社会关系的变化对道德规范的新需求。

上述学者从网络道德与现实道德的联系中看到二者的共同特征，且认为网络道德就是调整人类网络行为的准则和规范，是真正道德的延续。这种观点体现了道德发展的连续性和继承性。道德作为一种社会意识形态，其发展是一个历史的过程，网络道德是在继承现实道德基本价值取向和原则的基础上，结合网络社会的特点进行了创新和发展。

---

❶ 漆小萍. 解读网 [M]. 广州：中山大学出版社，2003：65.
❷ 邱伟光. 大学德育 [M]. 上海：复旦大学出版社，2003：116.
❸ 连良. 网络道德失范现象研究 [D]. 郑州：郑州大学，2007.

总的来说，网络道德是指对网络环境或者网络条件中的人们进行的道德调节、处理社会关系时的行为规范。它是以互联网为载体所表现出来的人类社会意识形式之一。网络道德以"以人为本"为核心，体现了对人的尊重和关怀。在网络社会中，人始终是主体，网络道德的构建和实施都是围绕着人的利益和发展展开的。以维护广大网民合法权益为宗旨，这明确了网络道德的出发点和落脚点。网络的发展为人们带来了诸多便利，但也伴随着一些侵犯网民权益的问题出现，如个人信息泄露、网络诈骗等。网络道德通过规范网络行为，旨在保障广大网民在网络空间中的合法权益，使人们能够在安全、健康的网络环境中享受网络所带来的便利。

二、网络道德的内涵

（一）网络道德的含义

道德，作为人类社会发展进程中不可或缺的一部分，是在现实生活中由经济关系所决定的一种社会现象。它以善恶标准作为评价尺度，依靠社会舆论的监督压力、个体内心信念的自我约束以及传统习惯的潜移默化来维持和规范人们的行为。从本质上讲，道德反映的是人与人、人与人群之间的相互关系，是社会秩序得以维系的重要准则。随着时代的飞速发展，人类社会迈入了信息时代。电子信息网络以其前所未有的速度和广度，深刻地改变了人们的社会交往方式，成为人们沟通交流、获取信息、开展各类活动的主要工具。这种基于崭新物质手段的社会交往方式的变革，对传统道德观念和行为模式产生了巨大冲击。网络的出现，确实极大地改变了人们传统的生产和生活方式。然而，我们必须清醒地认识到，电子信息网络本质上只是人类认识自然、改造自然的一种先进技术手段。科学技术本身并无善恶之分，但它所产生的后果却具有道德属性。无论是网络技术带来的便捷与创新，还是可能引发的诸如信息泄露、网络暴力等负面问题，都涉及道德层面的考量。同时，尽管在网络环境中，人们表面上是通过计算机进行各种操作和交流，但网络空间的主体始终是人。每一次的网络互动、每一条信息的传递，背后都是人与人之间的交流与联系，其中更蕴含着复杂的伦理道德关系。由此可见，人类的道德伦理关系在网络社会中依然存在且至关重要，这便是近年来备受关注的网络道德。网络道德，具体而言，是以善恶为标准，借助社会舆论的影响力、个体内心的道德信念以及传统道德习惯，对人们的上网行为进行评价和规范，从而调节网络时空中人与人之间以及个人与社会之间关系的行为准则。简单概括，它就是人们在通过电子信息网络进行社会交往过程中所表现出来的道德关系。

需要强调的是，网络道德虽然是一种新兴的道德形态，但它的出现并不意味着传统道德的终结。相反，它是传统道德在以网络技术为基础的现代社会中的进一步发展。网络道德与传统道德有着不同的基础，传统道德是建立在现实社会的人际交往和社会结构之上，而网络道德则依托于虚拟的网络空间。然而，二者并非完全割裂的不同道德体系。网络道德的出现，只是表明传统道德及其运行机制在网络社会中的适用程度存在差异，需要根据网络社会的特点适时进行调整和完善。

（二）网络道德的特点

1. 从依赖型道德转变为自主型道德

网络道德与传统道德在维持和约束方式上存在显著差异。网络道德并非由国家通过强制力制定和执行，而是主要依靠社会舆论的无形压力、人们内心的信念、长期形成的习惯、传统道德观念的传承以及教育的引导力量来维系。在网络社会中，道德主体依然是人。道德主体是具备道德权利、责任和义务意识，并能够依据自身道德需求和能力开展活动的个体。要想真正成为道德主体，人们必须清晰地认识到自己的道德需求，明确道德层面的"责、权、利"，并以此作为自身行为的依据和方向。在网络化时代，网络道德水平的高低已然成为衡量一个国家和民族精神文明发展程度的重要指标。与传统社会的道德意识和行为相比，网络道德呈现出更少依赖性、更多自主性的特点与趋势，这为人们道德主体意识的觉醒以及道德主体地位的确立创造了有利条件。

第一，传统社会长期处于发展相对缓慢、自给自足且相对封闭的状态。在这种环境下，人们的生活方式较为单一，社会关系相对简单，道德主体意识相对薄弱。而在网络社会，随着交往的日益频繁和深入，人们之间的关系，尤其是网络关系变得日益复杂多样，各种社会矛盾和冲突也不断加剧。这种变化促使道德主体意识逐步从单薄走向觉醒，人们也开始更加主动地思考自己在网络社会中的道德角色和责任。

第二，在传统社会中，人们的活动和行为受到诸多因素的制约，如经济状况的限制、技术条件的不足以及自身能力的局限等，往往处于比较被动、缺乏自由的状态。而在网络社会中，每个人都既是网络内容的欣赏者，又是积极的参与者。人们可以自由地发表观点、分享信息、参与各种网络活动，道德行为从传统的被动接受转变为主动互动。这种互动性使得人们更加深入地参与到道德实践中，增强了道德主体的自主性。

第三，在传统社会里，生产者和消费者之间的界限相对明确。然而，在网络社会中，这一界限变得十分模糊。人们既可以作为信息的消费者获取各种网络资源，也可以成为信息的生产者，通过网络平台发布内容。这种角色的模糊性使得道德行为呈现出"虚拟化"特征，并进一步凸显了网络道德的自主性。因此人们在网络中需要更加依靠自身的道德判断和自律能力来规范自己的行为。

2. 从封闭型道德转变为开放型道德

从封闭走向开放是人类社会发展的必然趋势，而以互联网为基础的信息高速公路的建设与发展，极大地加速和增强了这一进程。随着网络技术的飞速发展与广泛应用，电子产业迅速崛起并逐渐占据主导地位。依托全球信息网络构建的世界市场，彻底打破了过去各自为政、条块分割、相对独立的生产方式。不同地区、不同国家的企业和个人得以在全球范围内进行资源整合、生产协作和市场拓展，这种经济模式的变革促使人们的道德观念和行为也更加开放和包容。网络的普及打破了地域界限，人们的交往范围和交往面得到了前所未有的拓展。无论身处世界的哪个角落，只要有网络连接，人们就能够轻松地与他人进行沟通交流。这种跨越地域的交往使得不同文化背景、不同价值观念的人们可以相互接触、相互了解，促进了道德观念的交流与融合。此外，网络为具有共同志趣、共同爱好的人们提供了便捷的联络平台。他们可以在网络上自由地交换思想、分享经验、相互娱乐、共同学习。这种基于兴趣和爱好的交流打破了传统社会中因地域、身份等因素造成的交往限制，使得道德观念能够在更广泛的范围内传播和碰撞。与社会从封闭到开放的发展趋势相适应，网络道德也必然呈现出从封闭向开放发展的态势。在与世界不同国家的道德观念、道德行为相互交融和碰撞的过程中，网络道德不断吸收和借鉴各方的有益成分，逐步建立起符合网络社会特征的新型道德体系。这种新型道德体系更加注重多元文化的包容、尊重和交流，强调在开放的环境中寻求道德共识和行为规范。

3. 由一元道德转变为多元道德

在电子信息化时代，信息技术的迅猛发展极大地提高了人们的文化知识水平和思想道德水平。这一变化不仅促进了民主意识和民主要求的发展，也对社会管理体制产生了深远影响。传统的自上而下的管理体制逐渐难以适应社会的快速发展，非统一化、不民主化的社会管理方式则更符合时代的需求，为人们多样化的生活方式和道德选择提供了广阔的空间和可能。网络社会的出现进一步加剧了社会的多元化。在网络环境下，人们的社会需求和利益呈现出多样化的特点。不同的群体、不同的个体在网络中有着各自独特的需求和追求，这也导致了社会道德规范的多样化。例如，在网络文化领域，不同的网络社区形成了各自独特的文化氛围和道德准则；在网络经济领域，新兴的商业模式和交易方式也催生出与之相适应的道德规范。这种多元化的网络社会环境促使人们建立起一个多元化的网络道德社会。在这个社会中，各种不同的道德观念和行为方式相互并存、相互影响。人们不再局限于单一的道德标准，而是能够根据自身的价值观和需求，在多元的道德选择中找到适合自己的行为准则。同时，多元化的网络道德社会也鼓励人们在尊重差异的基础上，进行积极的道德对话和交流，以促进道德观念的不断发展和完善。

4. 由道德他律到道德自律

网络社会具有其独特的性质，在网络环境中，人们打交道的对象往往是陌生人，即使是原本熟悉的人在网络上也可能以一种相对陌生的方式进行交流，且缺乏传统意义上的直接约束。整个网络社会呈现出一种彼此陌生的符号化特征，这使得传统的依靠舆论和单位管理约束的他律道德在一定程度上失去了原有的效力。在网络社会中，人们的行为更多地需要依靠自身的克制和约束。网络的匿名性和虚拟性虽然为人们提供了更大的自由空间，但也容易引发一些不道德行为。例如，网络暴力、虚假信息传播等问题的出现，就凸显了在网络环境中加强道德自律的重要性。随着网络社会的发展，人们逐渐意识到自身的道德主体地位，开始明确自己在网络中的道德权利与义务。这种意识的觉醒促使人们自觉自愿地讲求道德，主动约束自己的网络行为，实现道德自律。道德自律成为网络社会中维护良好秩序和健康发展的关键因素。只有当每个网络参与者都能够自觉遵守道德规范，网络社会才能真正成为一个文明、和谐的空间。

5. 人与社会的自由全面发展

人与社会的自由全面发展程度与道德发展程度密切相关。可以说，人与社会的自由全面发展程度越高，社会的道德发展水平也就越高。信息高速公路的建设为人类社会带来了前所未有的变革，为人与社会的自由全面发展提供了巨大的可能性。在以信息高速公路为基础构建的社会中，人们能够更加便捷地获取知识、交流思想、开展创新活动，这为个人的成长和社会的进步创造了有利条件。然而，我们必须认识到，尽管高科技为人与社会的道德进步以及自由全面发展提供了前所未有的机遇，但高科技社会并不等同于我们理想中的道德社会。科学技术仅仅是一种工具和手段，在展现其对人类社会积极作用的同时，如果缺乏正确的引导和规范，必然会带来许多负面影响。例如，网络技术可能导致信息过载、隐私泄露、数字鸿沟等问题的出现，这些都对人与社会的发展产生了阻碍。因此，一个真正合乎人性、能够使人得到自由、全面发展的道德社会，需要我们基于网络技术，积极探索和创造。我们需要通过制定合理的法律法规、加强道德教育、营造良好的网络文化氛围等多种方式，引导网络技术朝着有利于人类发展的方向前进，从而实现人与社会在网络时代的道德进步和自由全面发展。

（三）网络道德的原则

1. 自由原则

自由原则在网络道德体系中占据着基石性的首要地位，是网络社会民主开放、自由平等特质的核心体现。从哲学层面审视，自由是人类追求的基本价值之一，而网络社会为这一价值的实现提供了前所未有的广阔空间。网络道德中的自由原则，从本质上赋予了网络行为主体在互联网这一虚拟空间中广泛且深刻的自由权利。具体而言，网络行为主体在互联网上拥有高度自主的生活方式和行为方式选择权。这种选择权并非简单地随意而为，而是基于个体的兴趣爱好、价值观念以及知识储备等多方面因素。例如，在兴趣爱好驱动下，网络用户可以凭借丰富的网络资源，自由地创建个人博客，将自己在摄影、绘画、音乐等领域的创作成果进行展示与分享；基于自身对社会问题的深入思考和独特价值观念，积极参与在线论坛讨论，还可以与来自不同地域、不同背景的人展开思想的碰撞与交流；对于具有文学、艺术创作天赋的人来说，网络为他们提供了一个广阔的展示平台，能够自由地开展网络创作，从小说、诗歌到各种形式的数字艺术作品，都能在网络空间中找到展示的舞台。

同时，自由原则着重保障了网络行为主体充分表达自己意见和观点的自由。这一自由涵盖了社会生活的各个领域，无论是对社会热点问题的深入剖析、对文化艺术的专业见解，还是对个人生活的细腻分享，都能在网络平台上得以自由地表达。在社会热点问题方面，网络更是成为公众舆论的重要集散地，公民可以依据自己的观察和思考，对诸如环境保护、社会公平正义等热点议题发表看法，形成强大的舆论力量，推动社会的进步与变革。在文化艺术领域，网络打破了传统艺术评论的专业壁垒，让普通网民能够自由地表达对各种艺术作品的喜爱、批评或独特解读，丰富了文化艺术的传播与交流形式。

从更深层次来看，这一原则强调了任何组织和个人都不得干涉别人在网络上的行为方式，更不能抑制网上言论自由。这不仅是对个体权利的尊重，更是维护网络社会健康发展的基础。从传播学角度分析，网络的开放性和互动性使得信息传播呈现出多元化和去中心化的特点。只有充分尊重和保障网络行为主体的自由权利，才能激发网络用户的创造力和参与热情，进一步促进网络文化的繁荣发展。

2. 全民原则

在网络社会的宏大框架下，全民原则体现了网络发展的根本宗旨和价值追求。从社会学的视角出发，网络作为一种新兴的社会基础设施，具有公共资源的属性，其发展旨在为全体社会成员所拥有，并服务于整个社会的进步与发展。这一原则明确规定，不论社会成员在政治、经济和文化等方面存在何种显著差异，都应毫无例外地享有平等使用网络资源、参与网络活动的权利。在政治层面，无论是普通公民还是政治人物，都有权利借助网络平台获取信息、表达政治诉求、参与政治讨论；在经济领域，不同经济阶层的人们都可以利用网络进行商务活动、投资理财、获取经济资讯等；在文化方面，无论文化背景、教育程度如何，每个人都能平等地在网络上接触和传播各种文化知识、艺术作品，参与文化交流与创作。

同时，全民原则要求任何个人在参与网络社会活动时，必须将维护整个网络社会的利益放在至关重要的位置，不得为了个人私利而损害网络社会的公共利益。从法学和伦理学的角度来看，网络社会作为一个虚拟的共同体，存在着公共利益和公共秩序的范畴。例如，通过网络恶意传播病毒的行为，不仅会导致其他网络用户的计算机系统遭受破坏，数据丢失，给其造成直接的经济损失，还会扰乱整个网络社会的正常运行秩序，影响网络服务的稳定性和可靠性。网络诈骗行为同样如此，它通常利用网络的虚拟性和信息不对称性，骗取他人财物，既破坏了网络交易的信任环境，又损害了网络社会的经济秩序和公共利益。

网络社会的运行和决策必须以服务于一切社会成员为出发点和落脚点。网络平台的建设需要充分考虑不同群体的需求和利益，包括不同年龄、性别、地域、文化背景以及身体状况的人群。例如，为了方便老年人和残障人士使用网络，网络平台应具备良好的无障碍设计，提供清晰易懂的操作界面和辅助功能；在网络规则的制定方面，要广泛征求社会各界的意见和建议，确保规则的公平性和合理性，保障网络资源的公平分配和合理利用。只有这样，网络才能真正成为促进社会公平、推动全民发展的有力工具，从而缩小不同群体之间的数字鸿沟，实现社会的整体进步与和谐发展。

3. 宽容原则

网络作为一个跨越国界、融合多元文化的全球性价值多元化生活空间，汇聚了来自世界各地不同国家、不同文化背景、不同价值观念的人们。这种多元性使得网络交往中不可避免地会出现思想观念、行为方式等方面的矛盾和碰撞。宽容原则的提出，正是基于对网络社会这一现实特征的深刻认识，旨在解决多元文化冲突问题，促进网络交往的和谐与顺畅。

从文化学的角度分析，不同国家和民族拥有各自独特的文化传统、价值体系和宗教信仰。这些差异在网络空间中相互交织，形成了复杂多样的文化景观。宽容原则意味着我们要以开放和包容的心态，允许人们拥有不同的价值观念和信仰。在网络交往中，不能以自己的文化标准、价值观念或宗教信仰去评判他人，而应充分尊重每个人的独特性和差异性。这种尊重不仅要体现在口头上，更要体现在实际行动中，包括对不同观点的耐心倾听、对不同行为方式的理解和尊重以及对不同文化表达的包容。

在平等自由的前提下，当网络交往中出现冲突和矛盾时，各方应积极寻求解决问题的途径，通过理性的沟通和交流，增进相互理解和信任。这一过程需要运用有效的沟通技巧和理性的思维方式。从心理学角度来看，理性沟通能够避免情绪化的反应，减少矛盾冲突的升级。在网络交流中，各方应保持冷静，以客观事实为依据，以逻辑推理为手段，表达自己的观点和立场，同时认真倾听群众的意见和想法。通过这种方式，双方能够更好地理解彼此的出发点和背后的文化逻辑，从而找到解决冲突的最佳方案。

个人的网络行为应该以一种能够被他人及整个网络社会所接受的方式进行。这要求我们在表达自己的观点和意见时，要注意方式方法，避免使用攻击性、侮辱性的语言。从语言学和传播学的角度来看，语言具有强大的影响力，不当的语言使用不仅会伤害他人感情，破坏网络交往的和谐氛围，还可能会引发更大范围的冲突和矛盾。因此，在网络交流中，我们应当遵循礼貌、尊重和理性的原则，以建设性的方式表达自己的观点，促进网络空间的积极互动和健康发展。只有秉持宽容原则，才能实现人们在网络上的顺利沟通和交流，营造一个开放、包容、和谐的网络环境，使网络真正成为多元文化交流与融合的理想平台。

4. 无害原则

无害原则作为网络道德的基本要求之一，具有深刻的伦理内涵和实践指导意义。从伦理学的基础理论出发，无害是道德行为的基本底线，正如"不允许对他人造成伤害的被动强制令有时被称为最低道德标准"所表述的那样，在网络这一特殊环境中，无害同样是网络行为的首要准则。

在网络活动的广阔领域中，无论是发布信息、参与互动还是进行其他各类操作，都必须遵循无害原则，确保既不对自己的身心健康造成损害，也不侵犯他人的合法权益，更不破坏网络社会的正常秩序和稳定运行。从信息传播的角度来看，在网络上传播虚假信息具有极大的危害性。虚假信息可能误导他人的决策，例如在金融投资领域，虚假的市场信息可能导致投资者做出错误的投资决策，造成严重的经济损失；在公共卫生领域，虚假的疫情信息可能引发社会恐慌，干扰正常的防控工作。通过网络攻击他人的计算机系统更是直接侵犯了他人的合法权益，不仅会导致对方数据丢失、业务中断，还可能涉及侵犯个人隐私、商业机密等法律问题，严重破坏网络社会的正常秩序。

在确保无害的基础上，提倡网络主体之间的互利互惠。网络用户在网络环境中具有双重身份，既是网络信息服务的享用者，又是信息的提供者。这种交互式的关系决定了网络主体间的权利和义务是相互依存的。从经济学的视角分析，网络信息交流和服务共同构成了一个复杂的生态系统，每个网络用户的行为都会对整个系统产生影响。当网络用户在网络交往中享有各种权利时，也应当承担起相应的责任。例如，在知识分享平台上，用户在获取他人知识成果的同时，也应该积极贡献自己的知识和经验,丰富平台的信息资源;在网络社交平台上,用户在享受社交便利的同时,要遵守平台规则,尊重他人的隐私和权益,共同维护良好的社交氛围。

只有当每个网络用户都能意识到自己从网络和网络交往方所获得的利益和便利,并同时给予网络平台和其他网络用户相应的回报,才能保证网络信息交流得以持续、健康地发展下去。这种互利互惠的关系更有助于维护网络社会公平正义,从社会学角度来看,它构建了一个相互支持、相互促进的网络社区生态,能够促进网络社区的繁荣和发展。在这样的网络环境中,用户之间的信任得以建立和加强,网络资源得到更有效地利用,从而推动整个网络社会朝着更加和谐、有序、繁荣的方向发展。

第二节 大学生网络道德的普遍状况

一、大学生网络道德现状调查问卷设计

为全面深入了解大学生网络道德现状,笔者在参考相关学者调研问卷的基础上,精心设计了《大学生网络道德现状调查问卷》。问卷涵盖调查对象基本信息与主要内容两大板块。

问卷设计完成后,先在同学们内部发放进行初步测试。针对同一批被测者,开展三次测试并对比分析。依据作答结果与被测者交流,不断优化问卷设问方式与选项设置。确定问卷可行后,通过线上邀请多所学校不同层次的大学生作答,以此最大限度地保障调查的信度与效度。同时,利用EXCEL软件处理相关数据,为研究提供翔实实证依据,为后续问卷结果分析奠定基础。

(一)调查问卷样本基本情况

本研究选取S省和H省等多所高校不同层次的学生展开调查。共投放问卷620份,剔除无效问卷57份,最终获得有效问卷563份,有效率达90.8%。

从调查结果来看,样本结构呈现以下特点。

性别分布:男生197人,占比34.99%;女生366人,占比65.01%(图2-1)。

第二章　大学生网络道德的现状分析

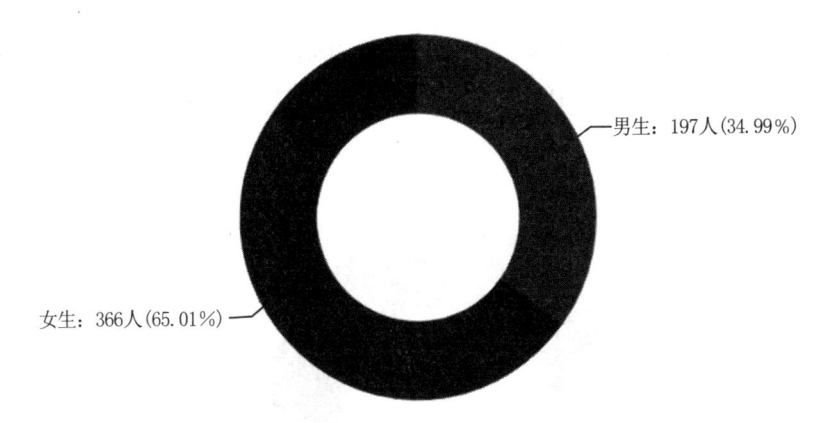

图 2-1　性别分布情况

学历分布：专科生 193 人，占比 34.28%；本科生 199 人，占比 35.35%；研究生 171 人，占比 30.37%（图 2-2）。

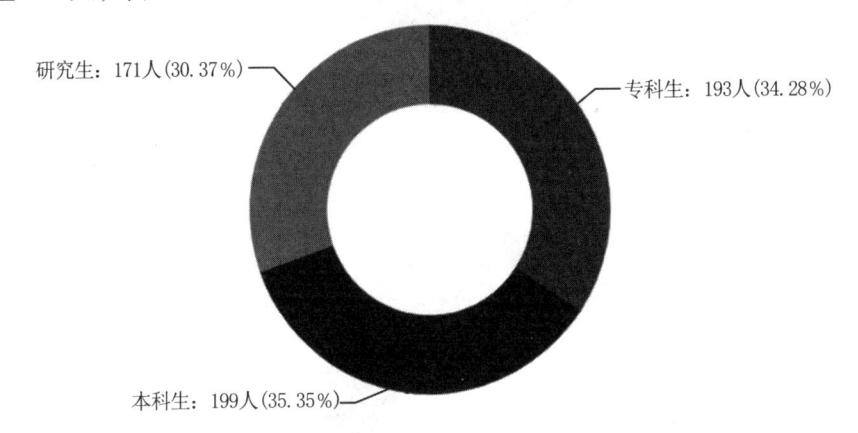

图 2-2　学历分布情况

政治面貌分布：中共党员（含预备党员）179 人，占比 31.79%；共青团员 280 人，占比 49.73%；群众 104 人，占比 18.47%（图 2-3）。

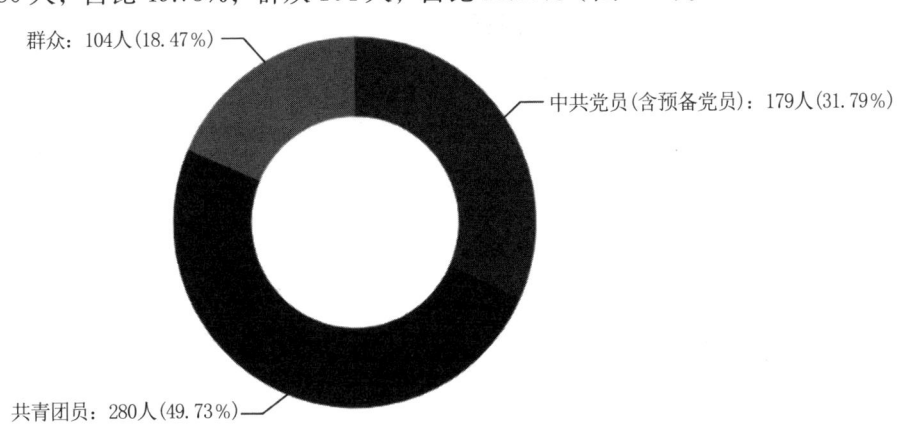

图 2-3　政治面貌分布情况

专业类别分布：文史类274人，占比48.67%；理工类137人，占比24.33%；体艺类112人，占比19.89%；医学类18人，占比3.20%；其他类22人，占比3.91%（图2-4）。

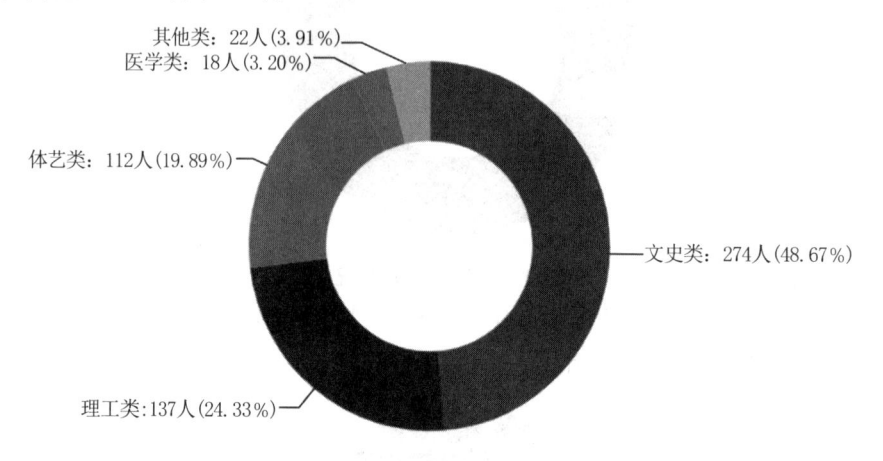

图2-4　专业类别分布情况

学校层次分布：985或211工程院校182人，占比32.33%；普通本科院校186人，占比33.04%；专科院校（含高职专科）195人，占比34.63%（图2-5）。

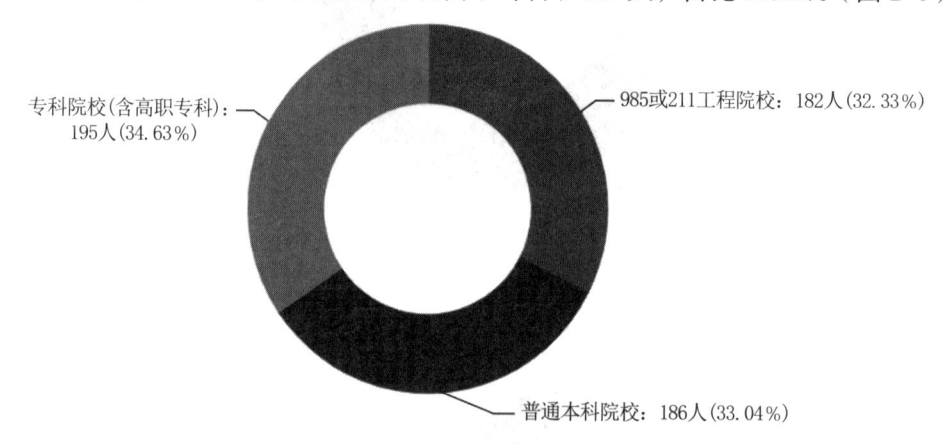

图2-5　学校层次分布情况

整体而言，除专业多集中在文史和理工类外，调查对象结构层次相对均衡。

（二）调查问卷基本构成

问卷共22个问题，分为两大部分。

第一部分：大学生基本信息 包含5个小问题，涉及性别、在读学历、政治面貌、专业类型、学校层次。通过这些问题，能够对调查对象的基本特征进行初步了解，为后续深入分析不同群体的网络道德现状提供基础数据。

第二部分：问卷主要内容 从知、情、意、行四个维度对大学生网络道德现状展开调查，共17个问题。

网络道德认知维度（7题）：前两题聚焦大学生对网络道德及其相关知识的掌握，包括对网络道德概念的理解，以及对网络道德相关知识、网络文明相关道德规范和法律法规的了解程度。中间三题旨在探究大学生网络道德意识觉醒程度，从其上网时遵守网络道德的意识、对网络实名制必要性的看法、对加强网络道德培育必要性的认识等方面，来考察大学生的网络主体意识。后两题则关注大学生对网络道德事件的价值判断和态度倾向，着重调查面对西方社会思潮和封建迷信思想时的价值判断与态度看法。

网络道德情感维度（5题）：从榜样人物感染力、网络参与意愿、个人利益和国家利益取舍、讨伐失德分子正义感、公益事件热衷度这5个方面，调查大学生在网络虚拟社会中的道德责任感、国家集体荣誉感、正义感、爱心度等内心道德情感体验。

网络道德意志维度（4题）：主要从自我约束和自我管理方面入手，调查大学生能否克制不良情绪，以及是否具备独立自主思考问题的能力，以此衡量大学生的网络道德意志。

网络道德行为维度（1题）：该题是前面问题的综合反映与行为表现。大学生的网络道德意识、情感、意志都会对其行为产生影响，基于此问题，能为后文分析大学生存在的网络道德问题提供翔实佐证。

二、大学生网络道德现状调查报告分析

在互联网深度融入大学生生活的当下，网络道德问题日益凸显。本报告旨在通过对回收问卷的系统分析，从认知、情感、意志、行为四个维度全面呈现大学生网络道德状况，从而为后续的教育引导提供依据。

（一）大学生网络道德认知状况

1. 网络道德及相关知识掌握程度

在对"您认为什么是网络道德"这一问题的回答中，86.15%的大学生展现出对网络道德概念的正确理解，表明大部分学生具备基础的网络道德认知。然而，仍有10.12%的学生掌握不到位，3.73%的学生甚至不清楚网络道德的概念。

在对《新时代公民道德建设实施纲要》以及网络文明相关道德规范或法律法规的了解程度方面，13.85%的学生有系统学习和一定了解，68.21%的学生有大致浏览，而17.94%的学生则完全不了解。这一数据反映出尽管多数大学生对网络道德概念及相关知识总体掌握良好，但仍有部分学生在这方面存在严重缺失，他们将网络视为无拘无束的虚拟空间，缺乏对网络道德规范和法律法规的敬畏。

2. 网络道德主体意识觉醒程度

当被问及"您在上网过程中是否有遵守网络道德的意识"时，82.06%的大学生明确表示有遵守意识，认为网络与现实生活一样需要遵循道德准则。但14.92%的学生表示不能时刻保持该意识，3.02%的学生则完全没有遵守意识，将网络社会的虚拟性等同于无道德约束。在"是否有必要实行网络实名制"的问题上，46.89%的学生认为非常必要，44.23%的学生持中立态度，担心个人信息泄露，8.88%的学生认为无须实行。对于"是否有必要对大学生进行网络道德培育"，9.77%的学生认为迫切需要，71.05%的学生认为需加强培育，19.77%的学生认为无须培育。这些数据表明，大部分学生有遵守网络道德的意识，并认可网络实名制和网络道德培育的必要性，但仍有少部分学生网络道德主体意识尚未觉醒，未能正确认识网络虚拟社会与道德规范的关系。

3. 对网络道德事件的价值判断和态度倾向

面对"是否能辨别西方国家通过网络输送的不良思潮且免受其影响"这一问题，42.98%的大学生能完全辨别，53.11%的大学生基本能辨别但会受一定影响，3.91%的大学生完全不能辨别。在面对"上网过程中浏览到有报复性语言或转发带来好运的链接"时，15.28%的学生会立刻按要求转载，25.58%的学生会根据情况决定，59.15%的学生不会转发并认为该链接不可信。这说明大学生在面对西方不良思潮和封建迷信思想时，虽大部分能保持正确判断，但仍有部分学生易受影响，进而削弱对社会主义核心价值观的认同，影响正确价值判断的形成。

（二）大学生网络道德情感状况

1. 榜样人物感染力与网络参与意愿

在网络虚拟社会看到道德模范、英雄人物等先进事迹宣传片时，51.69%的大学生深受震撼并渴望成为同类人，38.01%的大学生受鼓舞但觉得难以企及，7.99%的大学生感觉人物遥远，2.31%的大学生认为过于形式化。在看到政府或学校征求意见的帖子时，57.02%的大学生积极发表意见并号召他人参与，30.37%的大学生选择先观望，7.28%的大学生选择权衡利弊后才发表意见，5.33%的大学生选择置之不理。这表明大部分大学生能从榜样人物中获得正向情感激励，且有较强的网络参政意愿，但少部分大学生网络道德情感不丰富，对榜样人物缺乏共鸣，参与公共事务的热情和情怀不足。

2. 国家集体荣誉感、社会责任感与网络公益程度

当看到有人在网络上发表危害国家利益的煽动性言论时，35.70%的大学生联合同学伸张正义，51.51%的大学生向有关部门举报，6.04%的大学生转发吸引他人处理，6.75%的大学生不予理睬。在看到网络上的犯罪或违反道德事件时，23.98%的大学生积极参与，50.44%的大学生关注时才参与，15.28%的大学生因怕网络喷子而基本不参与，10.30%的大学生不关心。在面对网络求助信息时，39.79%的大学生尽力帮助，42.63%的大学生会在求证后帮助，14.74%的大学生表示心有余而力不足，2.84%的大学生漠然视之。总体而言，多数大学生在涉及国家利益、网络失德犯罪及网络公益事件中展现出责任感和爱心，但仍有部分学生存在事不关己的态度，网络道德情感体验不深刻。

（三）大学生网络道德意志状况

1. 网络道德自我约束力和自控力

在"是否会借助网络匿名性发泄不良情绪"的问题上，14.03%的大学生认为网络匿名无须负责而经常发泄，35.52%的大学生称有所顾忌，34.10%的大学生有较好自我约束能力，16.34%的大学生高度自律。当英雄人物遭受网络攻击时，10.66%的大学生以牙还牙，34.10%的大学生忍不住反击，37.83%的大学生选择温和回应，17.41%的大学生表示未遇此类现象。这反映出大学生在网络中的自我管控和约束能力一般，缺乏理性表达方式，易被情绪左右，从而做出不道德行为。

2. 网络思想意识坚定性和独立思考状况

在面对网络不良言论煽动时，57.19%的大学生完全不受影响，34.28%的大学生基本不受影响，6.93%的大学生偶尔受影响，1.60%的大学生受影响且会借机发挥。在关注网络热点事件时，12.26%的大学生完全追随网络意见领袖，

43.69%的大学生偶尔受影响，30.37%的大学生有自己看法，13.68%的大学生完全不受影响。由此可见，虽大部分大学生有较好的自我约束和管控能力，具备自主意识和独立思考能力，但仍有少部分大学生自主意识缺乏，易人云亦云。

第三节　大学生网络道德问题的表现形式

综合对大学生网络道德现状调查结果的分析，大学生网络道德问题主要呈现出以下几方面的表现形式。

一、网络道德认知不足

（一）大学生网络道德认知不足的现状与表现

在网络技术以令人瞩目的速度迅猛发展的当下，网络空间已深度融入大学生的生活与学习，成为他们不可或缺的重要场域。据相关数据显示，大学生每日平均上网时长达到数小时，网络在他们获取知识、社交互动、娱乐休闲等方面扮演着关键角色。网络道德作为新兴的道德规范体系，基于网络环境的特殊性构建而成，与传统道德有着显著区别，对大学生网络行为起着至关重要的引导与约束作用。

网络道德在信息传播方面有着明确且严格的要求。在真实性方面，信息必须以客观事实为基石，任何编造或歪曲事实的行为都违背了网络道德的基本准则。这不仅关乎信息的可信度，更影响着网络空间的信任基础。合法性要求信息传播严格遵循法律法规，从信息的产生到传播路径，都需在法律框架内进行。客观性强调信息应避免片面、主观的观点，应全面、公正地呈现事件全貌。例如在新闻报道类信息中，要涵盖多方面观点和事实细节，为受众提供准确、完整的认知依据。

然而，部分大学生对这些核心概念理解模糊。调查研究表明，相当比例的大学生在面对网络信息时，无法准确判断其真实性、合法性与客观性。这种认知不足致使他们在海量网络信息面前迷失方向，难以辨别是非对错。在信息传播过程中，由于缺乏明确道德指引，他们容易陷入信息旋涡，不自觉地成为不良信息传播的参与者。例如，在一些社会热点事件的传播中，部分大学生未经核实就转发一些未经证实的消息,导致虚假信息扩散,造成不良社会影响。

网络文明相关的道德规范和法律法规是大学生网络道德认知的重要板块。网络并非法外之地,《中华人民共和国网络安全法》《互联网信息服务管理办法》等一系列法律法规以及相关道德准则,共同维护着网络空间的健康与秩序。但部分大学生对这些规范和法规缺乏必要了解。在复杂的网络环境中,他们难以准确判断自身行为的道德与法律边界。以网络谣言传播为例,在一些网络论坛或社交媒体上,部分大学生随意转发未经证实的信息,从而引发谣言传播。他们没有意识到这种行为既违反网络道德规范,破坏网络诚信环境,又可能触犯法律,面临法律责任追究。这种对网络道德和法律规范的无知,深刻反映出大学生网络道德认知教育的缺失,亟待加强系统、全面的知识普及与教育。

(二)大学生网络道德认知不足的深层问题与危害

部分大学生网络道德主体意识尚未觉醒,这是网络道德认知不足的深层次问题。在网络虚拟社会中,尽管环境具有虚拟性,但道德规范依然存在且发挥着重要作用。网络虚拟社会是现实社会的延伸,人们在其中的行为同样会对他人和社会产生影响。然而,部分大学生未能正确认识网络虚拟社会与道德规范的关系,错误地将网络虚拟性等同于无道德约束的"自由之地"。这种错误认知源于他们对网络本质和道德作用的片面理解,易受到网络匿名性、虚拟性特点的迷惑。这种错误认知导致他们在上网过程中常常忽视网络道德准则,肆意妄为。他们可能在网络上随意发表具有攻击性言论、进行网络暴力、传播低俗信息等,且不顾及道德后果。这种行为不仅严重损害网络环境的健康发展,破坏网络空间的和谐与秩序,影响其他用户的网络体验,也反映出大学生在道德自律和责任意识方面的不足。从心理学角度分析,这与大学生处于特定成长阶段,自我控制能力和道德判断能力尚未完全成熟有关;从教育角度看,学校和家庭在网络道德教育方面存在薄弱环节,因其未能有效引导学生树立正确的网络道德观念。

更为严重的是,在全球化背景下,网络的开放性使各种思想文化相互碰撞。西方一些不良思潮,如个人主义、拜金主义、享乐主义等,通过网络渠道迅速渗透进来。封建迷信思想也借助网络的隐蔽性死灰复燃,以各种伪装形式传播。部分大学生由于自身价值观尚未完全成熟,缺乏足够的辨别能力,容易受到这些不良思想的影响。这种影响会带来多方面危害。一方面,削弱了大学生对社会主义核心价值观的认同。社会主义核心价值观是当代中国社会的主流价值导向，对大学生的成长成才至关重要。但不良思想的侵蚀则使部分大学生对诚信、友善、爱国等社会主义核心价值观产生怀疑和动摇。另一方面，干扰了他们正确价值判断的形成。在网络行为中，这种影响表现得尤为明显。例如，在面对一些涉及国家利益、民族尊严的网络话题时，部分大学生可能受到不良思想误导，发表不当言论，损害国家形象和民族感情。这不仅是个人行为失范的表现，更凸显了加强大学生网络道德认知教育，引导他们树立正确价值观的紧迫性和重要性。

二、网络道德情感淡薄

（一）网络道德情感在大学生网络素养中的关键地位及现存问题

网络道德情感，作为大学生在网络环境中针对道德现象所萌生的内心体验与态度倾向，在其网络道德素养的建构中占据着举足轻重的地位。它犹如一座桥梁，紧密连接着道德认知与道德行为，对大学生在网络世界中的言行举止发挥着关键的引导与驱动作用。在当今数字化时代，网络已深度融入大学生的日常生活，成为他们获取信息、社交互动以及价值塑造的重要平台。网络道德情感的健康发展，不仅有助于大学生在网络空间中形成正确的价值判断，还能促使他们自觉践行符合道德规范的网络行为，进而维护网络环境的和谐与有序。然而，不容忽视的是，当下少部分大学生在网络道德情感方面呈现出明显的不足。这种不足犹如一颗潜在的"毒瘤"，逐渐侵蚀着大学生的网络道德素养，对他们的网络行为模式以及价值观的形成与发展产生消极且深远的影响。

（二）大学生网络道德情感淡薄的具体表现

1. 对榜样人物缺乏情感共鸣

道德模范与英雄人物，无疑是社会道德的崇高标杆，他们的先进事迹犹如璀璨星辰，承载着社会的主流价值观与高尚的道德追求。在现实生活的舞台上，这些榜样人物凭借其非凡的勇气、无私的奉献精神，往往能够深深触动人们内心深处的情感琴弦，激发出大众由衷的崇敬之情，以及向他们学习、看齐的强烈动力。然而，当场景转换到网络环境这一虚拟空间时，情况却发生了显著变化。少部分大学生面对这些榜样人物的事迹时，表现出令人担忧的无动于衷。网络信息的海量性与快速更迭特性，宛如一场汹涌的信息洪流，将大学生的注意力无情地分散。在这股洪流中，他们如同迷失方向的船只，难以静下心来深入感受榜样人物事迹背后所蕴含的深厚道德力量。与此同时，网络传播的碎片化与娱乐化倾向，更是雪上加霜。榜样人物的光辉事迹常常被切割得支离破碎，或者被以娱乐化的方式呈现，甚至遭到扭曲。这种传播方式使得榜样人物的形象在大学生眼中变得模糊不清，且难以引发他们内心深处的情感共鸣。这种对榜样人物的漠视，绝非偶然现象，而是深刻反映出大学生在网络环境中道德情感的淡漠以及价值取向的偏差。这一现象警示我们，在网络时代，如何有效传播榜样力量，激发大学生的道德情感，已成为亟待解决的重要课题。

2. 对公共事务缺乏参与热情

网络的迅猛发展，为公众参与公共事务搭建了一个前所未有的便捷平台。在这个平台上，信息的传递打破了时间与空间的限制，使人们能够及时了解到社会各个角落正在发生的热点问题，并自由地发表自己的见解与建议，为推动社会的进步与发展贡献自己的智慧与力量。然而，令人遗憾的是，少部分大学生在面对这一充满机遇与责任的平台时，却表现出对公共事务的漠不关心。他们的目光更多地聚焦于个人的娱乐需求与切身利益，将自己置身于社会公共事务之外，忽视了自己作为社会一员所应承担的责任与义务。从社会心理学的专业视角深入剖析，这种对公共事务的冷漠态度并非凭空产生。在网络环境中，大学生容易陷入自我中心的思维模式，过度关注个人的虚拟体验，从而产生社交隔离感。这种隔离感使得他们仿佛置身于一个独立的虚拟世界，与现实社会的联系逐渐疏远，进而导致他们对公共事务的关注度和参与热情大幅降低。这种现象充分表明，大学生在网络环境中的网络道德情感未能得到有效地激发与培养，这不仅影响着他们自身的全面发展，也对社会的和谐进步带来了一定的挑战。

3. 对网络不道德行为反应消极

网络道德情感淡薄的另一个突出表现，在于大学生在面对网络上形形色色的不道德行为时，缺乏应有的义愤与谴责。在网络这片看似自由的天地里，虚假信息如同毒瘤般肆意滋生，网络暴力也时有发生，这些不良行为严重破坏了网络的健康生态，损害了广大用户的合法权益。然而，当这些不道德行为出现在大学生的视野中时，部分大学生却选择了视而不见，或者仅仅以旁观者的姿态进行围观，而没有展现出应有的正义感，也积极地站出来表达自己的不满与坚决反对。这种消极的态度，无疑在无形之中助长了网络不良行为的滋生与蔓延，使得网络空间的道德秩序面临更为严峻的挑战。

（三）大学生网络道德情感淡薄现象的综合影响与思考

网络作为大学生成长过程中重要的学习和社交平台，道德情感的缺失可能导致他们在面对复杂的网络信息和多元的价值观时，无法做出正确的判断和选择，进而影响其正确价值观的形成和人格的完善。长期处于这种状态，可能使他们在网络行为中逐渐迷失自我，忽视道德规范的存在，甚至陷入不道德行为的泥沼，对其未来的人生道路产生负面影响。从社会层面而言，大学生作为社会的未来栋梁，他们在网络上的道德情感态度直接关系到整个社会的网络文明建设和道德风尚。当部分大学生对榜样人物漠视、对公共事务冷漠、对网络不道德行为无动于衷时，这不仅破坏了网络空间的和谐与秩序，也可能引发不良的社会示范效应，影响更多人对网络道德的认知和践行。长此以往，将对社会的道德底线和价值体系构成潜在威胁，甚至阻碍社会的文明进步。面对这一严峻现实，我们必须深刻反思并积极寻求解决之道。学校、家庭和社会应形成紧密的教育合力。学校作为教育的主阵地，应加强网络道德教育课程体系建设，通过专业课程、主题讲座等多种形式，引导大学生树立正确的网络道德观念，培养他们丰富的网络道德情感。家庭要注重言传身教，营造良好的家庭网络文化氛围，关注孩子在网络世界中的行为和情感变化，及时给予正确的引导。社会各界则应共同努力，净化网络环境，传播正能量，通过宣传榜样事迹、倡导公共参与等方式，激发大学生的网络道德情感，让他们在积极健康的网络环境中成长，成为有担当、有道德的网络公民，从而推动网络空间的良性发展和社会的文明进步。

三、网络道德意识薄弱

在当今数字化时代，网络已深度渗透到大学生学习、生活和社交的各个方面，网络道德意志的强弱直接影响着大学生能否在网络空间中健康成长，以及网络环境能否朝着积极、健康的方向发展。然而，现实情况却不容乐观。当下大学生在网络道德意志方面普遍存在一定的问题。这些问题犹如网络世界中的"暗礁"，不仅阻碍了大学生自身网络道德素养的提升，也对网络环境的健康生态造成了负面影响。

第二章　大学生网络道德的现状分析

（一）网络中的自我管控与约束能力不足

网络的匿名性特征，为部分大学生营造了一个相对隐蔽的行为环境。在现实社会中，人们的一举一动都受到诸多社会规范的严格约束，同时，时刻处于他人目光的审视之下，这种外在的约束机制促使人们自觉规范自身行为。然而，网络的匿名性使得这种约束力相对减弱，部分大学生在遇到问题或情绪波动时，难以有效控制自己的行为和情绪。从心理学角度来看，这背后有着复杂的原因。在网络环境中，大学生的自我认同感和责任感相对较低。自我认同感的降低使得他们在网络中容易模糊自身的角色定位，忽视自己作为社会一员所应承担的道德责任。同时，由于缺乏有效的自我监督和约束机制，使得他们在情绪冲动时，难以抑制不良行为的产生。网络的即时性和互动性更是加剧了这一问题，当大学生在网络上遇到刺激情绪的事件时，即时的反馈和互动容易让他们在情绪的驱使下迅速做出不理智的行为。例如，当英雄人物遭受网络攻击时，这本应是大学生展现正义感、理性维护英雄尊严的时刻。然而，部分大学生却被情绪左右，不是以理性、客观的态度去应对，而是选择以牙还牙或采取不恰当的方式进行反击。这种行为不仅没有捍卫英雄人物的尊严，反而进一步损害了英雄形象，破坏了网络的和谐氛围。这一现象深刻反映出大学生在网络环境中自我管控和约束能力的欠缺，亟待通过教育和引导加以改善。

（二）面对网络信息缺乏自主思考与独立判断能力

网络热点事件凭借其强大的话题性和广泛的影响力，常常吸引着大量大学生的目光。在这些热点事件背后，一些别有用心的人会趁机发布不良言论，试图操纵舆论走向，以达到某种个人目的。部分大学生在面对这种复杂的网络信息环境时，暴露出自主意识缺乏、独立思考能力不足的问题。他们在没有深入了解事件全貌和真相的情况下，就轻易受到网络意见领袖或群体言论的影响。网络社交中的群体归属感和认同感在一定程度上强化了这种现象。大学生出于对群体的认同和融入需求，往往更倾向于与大多数人保持一致看法，从而忽视了对事件本身的深入思考和独立判断。这种盲目跟风转发和评论的行为，进一步推动了不良言论的传播，对网络环境和社会舆论产生了极为负面的影响。从信息接收和处理的角度分析，这反映出大学生在网络环境中缺乏批判性思维。批判性思维是对所学知识、所接收到的信息进行分析、评估和质疑的能力，能够帮助大学生在纷繁复杂的网络信息中去伪存真，做出正确的判断。然而，部分大学生在面对网络信息时，往往缺乏这种深入思考和质疑的能力，容易被外界信息误导。

（三）面对网络诱惑难以坚守道德底线

随着互联网的快速发展，一些网络游戏、网络直播等平台呈现出过度娱乐化、低俗化的倾向。这些平台通过精心设计的界面、丰富多样的内容和即时反馈机制，吸引着大量用户，其中不乏部分大学生。部分大学生在面对这些网络诱惑时，表现出难以抗拒的态势，且逐渐沉迷其中无法自拔。在追求感官刺激和娱乐享受的过程中，他们将学业和社会责任抛诸脑后，甚至放弃了自己原有的道德原则。这种现象不仅对大学生的身心健康造成了严重损害，如导致视力下降、作息紊乱、社交能力退化等，还影响了他们的个人发展，甚至可能导致学业荒废、职业规划受阻等问题。从网络道德意志的角度来看，这充分反映出大学生在面对网络诱惑时情感的脆弱性和不稳定性。网络诱惑往往以极具吸引力的形式出现，容易使大学生在瞬间产生强烈的欲望和冲动。而薄弱的网络道德意志使得他们难以在欲望和道德原则之间做出正确的抉择，无法有效抵制诱惑，从而陷入不良行为的循环。

四、网络道德行为失范

（一）网络道德行为失范：问题的根源与影响

网络道德行为作为网络道德认知、情感和意志的综合外在体现，深刻反映着个体在网络环境中的道德素养与价值取向。在当今数字化时代，网络已成为大学生学习、社交和获取信息的重要平台，他们的网络道德行为对于网络社会的健康发展至关重要。然而，由于部分大学生在网络道德认知、情感和意志方面存在的诸多问题，导致网络行为出现一系列失范现象，这些现象正严重冲击着网络社会的正常秩序，对网络环境的良性发展构成严峻挑战。

网络道德行为失范问题的产生并非偶然，它是多种因素相互交织的结果。从教育层面来看，学校和家庭在网络道德教育方面存在一定程度的缺失。传统教育模式侧重于知识传授，对网络道德教育的重视程度不够，未能系统地培养大学生的网络道德意识和行为规范。从社会环境角度分析，网络的快速发展带来了信息的海量涌入，其中不乏各种不良信息，这些信息对大学生的价值观产生了潜移默化的影响。此外,网络自身的特性,如匿名性、虚拟性和开放性,也在一定程度上削弱了大学生对自身行为的约束,使其更容易出现道德行为失范。这些失范行为所带来的影响是广泛而深远的。它不仅损害了网络中其他个体的合法权益,破坏了网络交流的和谐氛围,还干扰了网络社会的正常运行秩序。长此以往,将对整个网络文化的健康发展产生负面影响,并阻碍网络空间成为积极、健康、有序的交流平台。

(二)大学生网络道德行为失范的具体表现

1. 网络交流中的不文明语言使用

在数字化时代,网络交流凭借其便捷性和即时性,成为大学生日常沟通与表达的重要途径。这种交流方式打破了时间和空间的限制,使得信息传递瞬间可达,这极大地满足了大学生渴望快速分享观点、抒发情绪的需求。然而,正是这种高度的便捷性和即时性,在一定程度上导致大学生在网络交流中逐渐忽视了语言文明的基本准则。

在网络这个虚拟空间里,部分大学生在表达观点和情绪时变得极为随意。他们常常使用粗俗、辱骂性的语言来宣泄内心的不满或表达愤怒的情绪。这种不文明语言的使用,从本质上来说,是一种情绪的不当释放,不仅严重伤害了他人的情感,还对网络交流的和谐氛围造成了极大的破坏。从语言学的专业视角来看,语言作为社会文化的核心载体,承载着丰富而深厚的文化内涵与价值观念。每一种语言都蕴含着特定的社会规范和文化传统,文明的语言表达是对这些规范和传统的尊重与传承。不文明语言的出现,意味着使用者未能深入理解语言所承载的文化意义,在语言文化修养方面存在明显欠缺。他们无法准确把握语言表达的规范和礼貌原则,不能运用恰当的词汇和表达方式来传递思想和情感,从而易导致语言的误用和滥用。

从社会学层面进一步剖析,网络交流的匿名性和虚拟性是导致这一现象出现的重要因素。匿名性使大学生错误地认为自己在网络中的身份可以得到完全隐匿,不必为自己的言行负责;虚拟性则让他们感觉网络世界与现实社会相互隔离,现实中的道德约束在网络空间不再适用。这种错误认知使得部分大学生在网络环境中道德自律意识极度淡薄,他们肆意降低对自身语言行为的要求,将文明礼貌抛诸脑后。这种不文明语言的肆意传播,不仅严重影响了网络交流的质量,使得原本积极健康的交流环境变得乌烟瘴气，还对网络文化的健康发展产生了深远的消极影响。网络文化作为社会文化的重要组成部分，其健康发展对于社会的整体进步至关重要。不文明语言的泛滥会侵蚀网络文化的根基，阻碍其向积极、正面的方向发展，进而影响整个社会文化的良性演进。

2. 不实信息的传播

在信息爆炸的时代，网络成为信息传播的主要阵地，信息的传播速度之快、范围之广令人惊叹。大学生作为网络的高频使用者，在信息传播过程中扮演着重要角色。然而，部分大学生在面对海量网络信息时，出于盲目追求关注度、满足好奇心或其他复杂目的，常常在未经严格核实信息真实性的情况下，便随意转发和传播各类信息，其中不乏大量不实信息。这些不实信息一旦在网络上迅速扩散，往往会引发严重的社会后果。以食品安全、医疗健康等与公众生活密切相关的领域为例，一些毫无科学依据的谣言常常借助网络平台的传播优势快速蔓延。这些谣言利用公众对自身健康的高度关注和担忧心理，引发广泛的社会恐慌，干扰了正常的社会秩序。

从传播学理论的深度分析，信息传播应当严格遵循真实性、客观性和准确性原则。这是确保信息能够发挥积极作用、维护社会正常运转的基础。然而，部分大学生在面对海量网络信息时，由于缺乏系统的信息甄别能力和批判性思维，往往难以对信息来源和真实性进行深入核实。在信息获取过程中，他们缺乏对信息发布者的背景、资质和信誉的考量，也不具备运用专业知识和科学方法判断信息真伪的能力。仅凭一时冲动或片面判断，就盲目跟风转发，使得不实信息在网络空间中呈几何倍数扩散，形成"信息污染"。此外，网络平台在信息审核机制方面存在的不完善之处以及监管力度的不足，也在客观上为不实信息的传播提供了可乘之机。一些网络平台为了追求流量和用户活跃度，在信息审核环节过于宽松，未能建立起严格、科学的审核标准和流程。对于一些明显虚假或具有误导性的信息，未能及时发现和拦截，导致其在平台上肆意传播。同时，因监管部门对网络平台的监管力度有限，对于违规传播不实信息的行为处罚不够严厉，无法形成有效的威慑力，这进一步助长了不实信息的传播势头。

3. 侵犯他人隐私行为

部分大学生由于缺乏必要的隐私保护意识，在一些特定需求的驱使下，可能会通过非法手段获取他人的隐私信息，并在网络上进行公开传播，从而引发严重的侵犯他人隐私权问题。

隐私权作为公民的一项基本权利，受到我国法律法规的严格保护。我国《中华人民共和国民法典》等相关法律法规明确规定，自然人的私人生活安宁和不愿为他人知晓的私密空间、私密活动、私密信息等都属于隐私权的范畴，任何非法获取、传播他人隐私信息的行为都将承担相应的法律责任。从伦理角度深入分析，尊重他人隐私是社会基本的道德准则之一，它体现了对他人人格尊严和权利的尊重。每个人都有自己的私人领域和不愿公开的信息，这些信息是个人人格完整性的重要组成部分。尊重他人隐私意味着承认他人人格的独立性和自主性，不随意侵犯他人的私人空间。然而，部分大学生在利益的诱惑或错误观念的驱使下，通常忽视了道德和法律的双重约束。在网络环境中，一些大学生可能受到经济利益的吸引，如为了获取金钱或其他物质利益，将他人的隐私信息出售给第三方；或者出于好奇心作祟，想窥探他人的私密生活，通过非法手段获取他人隐私信息并在网络上公开传播。还有一些大学生可能受到一些错误观念的影响，认为在网络上分享他人隐私信息只是一种"玩笑"或"娱乐"行为，不会造成严重后果。网络技术的发展虽然为人们的生活带来了诸多便利，但同时使得个人信息的获取和传播变得更加容易。一些大学生利用网络技术的便利性，通过黑客攻击、网络钓鱼等非法手段获取他人的隐私信息。这些行为不仅侵犯了他人的合法权益，给受害者带来了极大的精神困扰和心理伤害，还破坏了网络环境的安全性和信任基础。受害者可能会因为隐私信息的泄露而遭受名誉损失、经济损失，甚至面临人身安全威胁。

4. 参与网络暴力

部分大学生在网络匿名性的掩护下，丧失了基本的道德底线，参与到网络暴力事件中，对他人进行无端指责和攻击，成为网络暴力的实施者之一。

从社会心理学的专业角度深入分析，网络暴力的发生与群体心理和匿名效应密切相关。在网络环境中，个体容易受到群体情绪的感染和影响，产生强烈的从众心理。当网络上出现某个热点事件或话题时，一些人会迅速发表带有攻击性或情绪化的言论，这些言论往往又会引发群体的共鸣和跟风。大学生作为网络活跃群体，在面对这种群体氛围时，很容易被卷入其中，失去独立思考和判断的能力，盲目跟随群体的行为和言论，参与到对他人的攻击中。

同时，网络的匿名性使得参与者认为自己的行为不会被轻易追究责任，从而产生一种"责任分散"的心理。在匿名状态下,他们觉得自己的身份被隐藏,因此不必为自己的言行承担后果,这种心理极大地降低了他们对自身行为的责任感和道德约束。他们在网络上肆意发表攻击性言论,实施辱骂、诽谤等行为,却忽视了这些行为对受害者造成的伤害。这种心理因素的综合作用,导致部分大学生在网络上做出违背道德和法律的行为。

网络暴力所带来的危害是多方面且极其严重的。对于受害者而言,长期遭受网络暴力可能导致他们出现焦虑、抑郁、自卑等心理问题,甚至产生自杀的想法,从而对其身心健康造成不可挽回的损害。从网络环境的角度来看,网络暴力破坏了网络环境的和谐与稳定,使得原本应该是信息交流、知识分享的平台充满了戾气和恶意。这种不良氛围不仅会影响其他用户的正常使用体验,还会阻碍网络文化的健康发展。从社会层面而言,网络暴力引发的一系列社会不稳定现象不容忽视。它可能会引发公众对网络空间治理的质疑,破坏社会的公序良俗,对整个社会的道德风尚和网络文明建设产生负面影响。

第三章 网络道德教育的理论基础

第一节 道德教育的基本理论

一、道德哲学

道德哲学是研究道德原则、道德规范及其在人类社会中的实践应用的学科。它探讨道德行为的根本问题，如"什么是善？""什么是正义？""人类行为的道德标准是什么？"等核心议题。道德哲学为道德教育提供了思想上的支撑和价值判断的基础，是道德教育的理论基石。以下是道德哲学在道德教育中的三个重要理论方向。

（一）伦理学的义务论（德行论与行为论）

1. 康德的义务论与行为规范指导

义务论在道德哲学领域中具有重要地位，其代表人物康德提出，人类行为应当遵循普遍适用的道德法则。康德认为，道德法则是一种先验的、无条件的绝对命令，它不依赖于任何经验或功利目的，而是基于人类理性本身❶。这种道德法则具有普遍性和必然性，适用于所有理性存在者。在道德教育层面，康德的义务论为行为规范具有深刻的指导意义。道德教育绝非仅仅让学生学会简单地判断行为的对错，更重要的是培养他们依据内在的道德法则进行自我约束的能力。这意味着，道德教育要引导学生将外在的道德规范内化为自身的行为准则，形成一种自律的道德意识。在网络环境日益复杂的今天，大学生在上网过程中面临着诸多道德抉择。通过道德教育，大学生应当学会运用康德所倡导的普遍道德法则，在网络世界中进行准确的道德判断，始终采取符合社会公认标准的行为。例如，在网

---

❶ 刘建. 论康德的道德情感 [D]. 南京：南京大学，2011.

络交流中,无论是否有人监督,都能自觉遵守道德规范,而不使用粗俗、辱骂性语言,维护网络交流的和谐氛围。

2. 亚里士多德的德行论与道德自觉培养

德行论作为义务论的重要组成部分,强调个体通过培养美德来实现道德生活的理想状态。亚里士多德的德行伦理学是这一理论的杰出代表,他认为,美德并非天生,而是个体通过后天的学习和实践逐步习得的。诸如诚实、勇敢、宽容等美德,是人类在社会生活中不断践行和修养的结果❶。个体在不断习得和实践这些美德的过程中,能够逐渐发展成为具有敏锐道德感的人。在网络道德教育领域,亚里士多德的德行论有着重要的体现。通过持续的道德训练,帮助大学生将各种美德融入网络行为中,培养他们的道德自觉。当大学生面对复杂多变的网络道德问题时,经过长期道德训练所形成的道德自觉,能够使他们不假思索地立即做出符合社会道德的判断。例如,在面对网络上的不实信息时,具有道德自觉的大学生会基于诚实的美德,不随意转发,而是积极核实信息的真实性,以维护网络信息的真实性和可靠性。

(二)功利主义与网络道德

功利主义理论由杰里米·边沁和约翰·斯图尔特·密尔等学者创立并发展❷。该理论的核心观点是,最大化幸福与减少痛苦是评判行为对错的根本标准。边沁提出"最大多数人的最大幸福"原则,认为一个行为的道德价值取决于它所产生的总体幸福或快乐的量,减去所带来的痛苦或不快乐的量后的净值。密尔则在边沁的基础上进一步深化,强调幸福不仅有数量之分,还有质量之别,精神层面的幸福比物质层面的幸福更具价值。在网络道德教育中,功利主义为判断行为是否合乎道德提供了一个实用且具有现实意义的标准。网络的开放性和传播性使得信息的传播速度极快、范围极广,任何一个行为都有可能产生广泛的影响。例如,在面对信息传播这一常见的网络行为时,大学生应当充分运用功利主义的标准,全面考虑发布信息可能带来的社会效益和负面影响。通过系统的教育引导,使学生在使用网络的过程中,能够逐渐养成从功利主义角度思考问题的习惯,充分考量自己行为对他人和社会产生的整体影响。比如,在分享信息时,会权衡该信息是否能够给大多数人带来积极的影响,是否会引发不必要的恐慌或混乱。若发布

---

❶ 靖倩倩.论高校大学生道德品质的实践养成——基于亚里士多德的德性论[J].大庆社会科学,2020(2):54-58.

❷ 兰久富.功利主义理论体系的逻辑结构[J].当代中国价值观研究,2022,7(4):5-18.

的信息可能导致不良后果,即便该信息具有一定的趣味性或吸引力,学生也能基于功利主义的道德判断,选择不进行传播,从而以实际行动维护网络环境的健康与和谐。

(三)义务与权利理论

道德哲学中的义务与权利理论深刻揭示了个体在社会中的双重角色和责任。该理论强调,个体在社会中既肩负着遵循道德义务的责任,同时享有维护自身权益的正当权利。义务与权利是相辅相成、不可分割的统一整体,没有无义务的权利,也没有无权利的义务。

在网络道德教育的情境下,这一理论具有重要的指导价值。首先学生要清晰的意识到自己对他人所承担的义务,例如不发布虚假信息,因为虚假信息的传播可能误导公众,引发社会恐慌,破坏社会秩序;不进行网络暴力,网络暴力不仅会对受害者的身心健康造成严重伤害,还会破坏网络空间的和谐与稳定。

其次,学生还应学会尊重他人的网络权利。网络虽然是虚拟空间,但同样存在着各种权利,如隐私权、言论自由权等。尊重他人的隐私权意味着不能通过非法手段获取他人的隐私信息,不随意在网络上公开传播他人不愿被知晓的私密内容;尊重他人的言论自由权则要求人们在网络交流中,不随意压制他人的合法言论,允许不同观点的存在和表达,营造一个开放、包容的网络言论环境。

义务与权利理论为网络道德教育提供了清晰明确的道德准则,帮助学生在复杂多变的网络环境中,充分了解自己的权利和义务,从而做出既符合道德规范又兼顾各方利益的平衡道德选择。这不仅有助于维护网络空间的正常秩序,保障每个网络用户的合法权益,也有利于培养学生的社会责任感和道德素养,使其成为具有良好网络道德的合格公民。

二、道德心理科学

(一)罗尔斯道德心理学的立足点——道德情感

道德心理学通常涵盖道德认知、情感、信念以及行为等方面的理论内容。在罗尔斯的理论中,正义的两个原则虽然源自契约者在原初状态下理性自律的选择,但当无知之幕揭开,进入现实世界后,若要使这些原则在实践中得到落实,便需要在个体的心理层面上培养对正义原则的道德情感。因此,罗尔斯的道德心理学理论，立足点便是与正义原则紧密相关的道德情感问题。具体而言，他将道德情感视为推动道德行为的内在动机。亚当·斯密同样持有这一观点，他认为人类内在的同理心或同情心是道德活动得以开展的核心动力。由此，当一个人目睹他人遭遇不公正对待时，他便会产生对他人处境的同情感。"这种情感与人类所有其他原始情感一样，并非只有品德高尚的人才能具备，尽管他们可能感受得最为敏锐。即使是最恶劣的罪犯，严重违反社会规范的人，也不会完全丧失同情心"❶。

（二）道德情感的发展过程

正义作为社会制度理应追求的道德目标，通常超越了利益计算，展现出更高层次的道德标准。因此，针对正义的情感反馈必定带有道德层面的意义，这种情感不仅与个人生活目标相关，也涉及社会基本结构的稳定与发展。所以，尽管正义原则源自共同理性选择，但将其落实到行动上，仍然依赖于人们的道德情感支持。仅仅依靠利益计算来驱动行为，无法真正体现对道德规范的心理认同。因此，个体必须在道德心理上建立起对正义原则的情感依赖，也就是道德正义感。"正义感是正义观念在社会成员中的具体体现，是社会成员渴望、认同并践行正义的道德情感反映。"❷由此可见，要想理解罗尔斯的道德心理学，就必须关注道德情感的问题，尤其是探讨如何在良序社会中形成愿意按照正义原则行动的正义情感。

1. 两种传统的道德情感理论

为了更好地理解道德情感的形成过程，罗尔斯讨论了历史上两种重要的道德情感理论。第一种是功利主义流派，以休谟到西季威克的经验主义为代表。这一理论认为，道德情感的动机来自社会学习，后天的道德教育旨在培养人们在公平且正当的理由下做正义的事，而不是非正义的事。因为在现实中，追求私利的行为时常会伤害他人甚至社会，而做正义的事的动机常常缺乏，因此，道德学习的目标就是填补这一缺口，引导人们发展做正义事的动机。为此，父母或权威人物往往通过奖惩机制来教导个体，帮助他们养成对正义行为的渴望，反感非正义行为。同时，学派认为，个体对道德标准的动机，往往在早期的儿童阶段就被灌输。罗尔斯指出，弗洛伊德的理论与此观点相符，"他认为，儿童获得道德态度的过程是以恋母情结为中心，孩子们接受由父母等权威人物提出的道德准则，以

---

❶ 亚当·斯密.道德情操论[M].蒋自强，钦北愚，朱钟棣，等译.北京：商务印书馆，2020：5.
❷ 郑湘萍，李绍元.正义感的基本内涵及其现实意义[J].湘潭师范学院学报，2003(5)：10-12.

此解除内心的冲突。"❶ 在罗尔斯看来，儿童在早期遵守道德原则是缺乏理性判断的，而随着时间的推移，他们会逐渐理解并理性接受符合他们需求的道德要求。第二种流派是理性主义传统，以卢梭、康德和密尔为代表。该学派认为，道德动机并非通过奖惩机制培养，而是源自人类自然的道德本性，随着理性的发展逐渐显现。当理性成熟后，人们能理解换位思考的重要性，关心他人，考虑他人的感受，因此能够理解社会成员应遵守公平合作的原则。理性主义学派强调，道德情感是随着个体理性能力的发展而自然形成的，而非通过外界灌输。罗尔斯并未过多讨论两种理论的优劣，而是认为它们各有其合理之处，他认为这两种理论可以融合，为道德情感的形成提供更加全面的理解。

2. 道德情感的肇始：权威阶段的呵护与信赖感

在罗尔斯的认知里，道德的萌生与演讲会受到形形色色复杂要素的影响。然而，就其欲达成的目标而言，并不需要对所有因素都予以考量。故而，他将道德情感的生成历程置于由正义理念调适的良序社会语境中展开探讨。

在罗尔斯的理论架构里，他把道德情感发展的首个阶段界定为权威道德。此阶段亦可称作情感的发端时期，也被叫作儿童道德。众所周知，良好社会的基础组织架构最初是以家庭为形态铺陈开来的。所以，身处家庭中的每一个个体成员，在成长进程里，最初接受的是来自父母长辈的道德规范指引。也就是说，孩子自呱呱坠地起，便处于作为监护人的父母的合法权威管控之下。他们因心智尚处懵懂未熟阶段，且欠缺相应的理解与判断能力。所以，在做出行为抉择与付诸行动之际，皆听从父母的教诲，依照他们的要求行事。但这并不意味着整个家庭氛围是压抑沉闷的。不妨设想，倘若孩子们生活在一个满溢着父母爱意与关怀的家庭环境中，他们会欣然接纳并认可父母给予自己的道德教导。"一般来讲，爱一个人不仅意味着关注他的诉求与需要，还意味着肯定他对自身人格价值的认知。渐渐地，父母对孩子的爱会在孩子身上引发回馈之爱。"❷ 所以，这种饱含爱意的紧密联系不应带有任何功利性，即父母不能将对孩子的爱与关怀当作一种长期投资，用作日后实现自身未竟目标的手段。而应当毫无所求地向他们表达爱意，给予关怀的同时，认可并尊重他们的需求与兴趣，激励他们凭借自身努力实现人生价值。

相应地，孩子们由此滋生出的对父母的情感也并非虚情假意，而是一种甘愿

---

❶ 约翰·罗尔斯.正义论[M].何怀宏，何包钢，廖申白，译.北京：中国社会科学出版社，2009：363.
❷ 约翰·罗尔斯.正义论[M].何怀宏，何包钢，廖申白，译.北京：中国社会科学出版社，2009：367.

接受父母道德权威教导的爱与信赖。所以罗尔斯称，子女对父母的敬爱源于父母率先展现出对他们的爱护与关怀，这是权威道德得以形成的一条道德心理学准则。由此可见，孩子对父母充满爱与信赖的情感，即权威道德便得以发展起来。然而，从另一方面来看，父母道德要求的训诫对于涉世未深的孩子们而言，往往呈现为对他们自由探索渴望的一种羁绊。所以，他们时常试图挣脱父母的管束。可当他们真的如此行动之后，又会因未能达成父母的期望与教导而内心自责、满怀愧疚，并试图求得父母的谅解。但这种企求谅解的愧疚情感并非因惧怕遭受父母的惩处，而是深感辜负了父母的谆谆教导，是出于对父母的敬重、信赖而自然萌生的。

我们还需明晰，这种爱意是身为权威者的父母向孩子传递的一种他律性约束力量，这种约束性教导同样应当适用于父母自身。也就是说，父母需以身作则，始终不渝地坚守道德规范，为孩子树立优良的道德典范。如此一来，孩子便会在这种潜移默化的道德教育濡染中，培育起对道德规范教导的情感认同。进而逐渐发展至更高阶段的道德情感，让道德正义规范稳稳扎根于内心。不过，我们必须留意到，倘若父母自身都无法做到言行一致，又缺乏对孩子的爱意与关怀，只是一味蛮不讲理甚至通过暴力惩罚强迫孩子接受，那么便绝无可能培养出孩子对道德规范身体力行的自觉情感认同。所以罗尔斯指出，在权威道德阶段培育出的爱和信赖感尚不具备稳固性。它们尚无法形成对道德原则规范的自觉认同，也无法真正领悟践行正义原则的行动依据。因而不能作为社会基本结构中的运行准则，仅仅是一种发挥有限作用的临时性道德。"儿童的权威道德是一种临时性道德，是源于他的特殊境遇和有限理解力的一种必然产物。"❶

3. 道德情感的进阶：社团阶段的情谊与信赖感

社团道德作为道德发展进程中的第二个阶段，在此期间，人们会因社交范围的拓展而涉足各类社交团体。也就是说，伴随孩子的成长，往昔权威人物用以训诫他们的道德规范要求，已不再占据其内心主导性的决定地位。此时，他们需要逐步踏入形形色色的社交场合，以独立自主且地位平等的个体身份，与不同社团里各式各样的人展开频繁的交往互动。自然而然地，遵守适用于相应交往社团的规范便成为必然要求。这正如弗雷曼所阐述的："社团道德的显著特征在于，在个人所属的各类社团里，其习得了契合自身角色（如朋友、同学、邻居、队友等）的道德标准，并在情感层面予以关注。"❷所以，当个体在不同社团间交流往

---

❶ 约翰·罗尔斯. 正义论[M]. 何怀宏, 何包钢, 廖申白, 译. 北京：中国社会科学出版社, 2009：369.
❷ 弗雷曼. 罗尔斯[M]. 张国清, 译. 北京：华夏出版社, 2013：261.

来时，也就意味着他们要遵循不同角色身份所对应的各异道德准则。同时，自身也会被这些不同道德标准所指向的理想目标深深吸引，且内心渴望成为那样卓越不凡的人。举例而言，他们不仅要在生活中最为亲密的交往小团体——家庭中，展现出孝顺父母的优良子女特质；还需走出家门，与外界与他人接触，涉足学校、赛场、公司等社团环境。在学校里，他们期望塑造遵守纪律、勤奋好学的好学生形象；在与邻里相处时，渴望成为互帮互助、友善亲和的好邻居典范；而在公司工作时，则力求成为满怀热忱、认真负责的好员工楷模。然而，与权威阶段有所不同的是，社团道德的发展离不开理性能力的支撑。正如罗尔斯在著作《正义论》中提到的"他明白其他人因在合作体系中所处地位的差异，而有着不同的任务。所以，他逐渐学会站在他人的立场，从他们的视角看待事物。由此可见，获得某种（以特定理想为表征的）社团道德，或许依赖于人的这些理性能力的发展。"❶ 处于这一阶段的人们，不再像处于权威道德阶段的孩童那般，只是一味默默接受父母长辈教导的规范要求。相反，他们具备了一定的基本理性反思能力，能够意识到参与社会活动的每个人所承担的角色各不相同。进而明白每个人的想法、看待问题的角度与视野也存在差异，因此有必要对他人行为活动的动机展开判断与剖析。通过学会从他人的观点出发审视事情，从而更好地调整自身行为，以顺利融入社团的交往互动之中。

不过，仅仅凭借这些理性能力的发展，并不意味着就已然步入社团道德阶段。因为社团道德的形成，还需第二条道德心理学法则发挥效用。"那么，当他的伙伴带着明确的意图履行自身的义务与责任时，他便会萌生出对他们的友好情感，以及信任感与信心。"❷ 恰似在情感萌芽的权威阶段，父母率先向子女展现出爱与关怀，进而催生了孩子对父母的爱与信任之情。与之相应，个人踏入社团，在与不同人交往互动过程中，也会滋生出与之匹配的情感。当他察觉到与之交往的各个成员都在全力以赴地践行社团赋予的角色义务与职责时，他便会对这些人流露出信任与友好的情感。并且，在这些情感的影响下，自觉主动地承担起社团中属于自己的角色职责与义务。最终，以友谊和信任作为情感特质的社团道德得以成型。

反之，如果他在社团中未能切实遵循与社团角色相符的道德准则，同样会在内心涌起自责与愧疚的负罪情感。显然，社会团体成员间产生的情感依恋，相较

---

❶ 约翰·罗尔斯.正义论[M].何怀宏，何包钢，廖申白，译.北京：中国社会科学出版社，2009：370.
❷ 约翰·罗尔斯.正义论[M].何怀宏，何包钢，廖申白，译.北京：中国社会科学出版社，2009：372.

于对家人的情感依恋，有着更为明晰的团体准则引导，故而相较于权威道德，具有更强的稳定性。然而，随着成员们参与到更为高级的团体活动中，仅仅依靠在社团阶段所获得的依恋性情感，要实现更为高远的理想目标是远远不够的。因此，进一步发展为原则道德便成为必然需求。"某些理想相较其他理想更具综合性，对人也提出了不同的需求。我们将会看到，遵循特定理想自然而然地会导向一种原则性的道德。"❶

4. 道德情感的铸就：原则道德下的正义感

毋庸置疑，权威道德与社团道德的生成，源于人们在特定社交情境中，因对具体个人或团体成员产生依恋性情感，进而遵循相应的具体道德规范。就像在权威人士给予的爱意与关怀助力下，个体能够依照他们所要求的原则去恪守道德规范。然而，一旦权威人士未能以身作则，便极有可能瓦解个体对原则规范的坚守。在社团阶段，人们凭借分属不同社团，与他人构建起友谊和信任的情感纽带。在这些情感依托下，个体成员更倾向于践行社团所认可的道德准则。但这并不意味着他们从心底真正认同这些原则规范。实际上，他们之所以愿意遵循各个社团所倡导和秉持的团体原则要求，是因为这样做既有助于塑造自身完美形象，又有利于在社团中收获友谊与信任，进而赢得他人的认可与赞赏。所以，罗尔斯指出，随着交往范围持续拓展与深化，社团交往的形式最终会上升至国家层面。当处于国家管控的环境时，权威阶段和社团阶段所形成的情感纽带，显然难以再发挥效用。这是由于此时人们所扮演角色对应的理想目标发生了转变，个体不再仅仅满足于成为一名优秀的运动员，而是期望在国家层面成为一名正义的公民。"此刻，他渴望成为一个正义之人。践行公正行为、构建公正制度的理念，逐渐对他产生了与以往那些次要理想相类似的吸引力。"❷

至此，道德情感发展至最后阶段。罗尔斯将这一阶段称作原则道德阶段，它标志着道德正义感的正式确立，即个体对正义原则产生情感认同，并愿意依据正义原则行事。

罗尔斯认为，道德正义感并非凭空产生，也不是外力强行灌输的结果，它的获得同样需要遵循道德心理学法则。具体而言，当我们意识到自己以及与我们有着深厚情感依恋的人，正从由正义观念调节的良序社会中受益时，相应地，我们便同样会萌生出一种依照这些正义原则行事的正义动机。或许这样的阐释稍显费

---

❶ 约翰·罗尔斯. 正义论[M]. 何怀宏，何包钢，廖申白，译. 北京：中国社会科学出版社，2009：370.
❷ 约翰·罗尔斯. 正义论[M]. 何怀宏，何包钢，廖申白，译. 北京：中国社会科学出版社，2009：374.

解，罗尔斯也察觉到了这一点。他思考道，正义原则究竟是怎样在人们的情感层面，引发自觉接受与认同的正义感动机的呢？我们可以从以下几个维度来理解。

其一，正义原则具有清晰明确的内涵与意义。正义原则在原初状态被选定后，便会应用于社会制度，用以处理各类事务、协调人们之间的利益冲突。将其运用于社会，更契合人们的利益诉求，人们会觉得遵守正义原则是必要且富有价值的。

其二，正义原则能够为人类之爱提供指引。我们不难发现，人类之爱如同仁爱，是一种胸怀宽广的大爱。然而，这种大爱在追求各种有利于人类和社会的目标时，可能会因不知如何抉择而产生冲突。此时，就需要正义原则进行调节，以使仁爱情感得以和谐稳定地发展。

其三，个体若未依照正义原则行事，由此产生的负罪感，会促使其在后续行为中更加坚定地秉持正义原则，并形成强烈的情感动机。

其四，正如康德所言，正义原则是具备理性、自由且平等的道德人自主选择的成果。因此，依据正义原则行动，可以说是道德人本性的一种外在体现。

三、道德社会学

（一）道德规范的社会化作用

家庭作为个体道德启蒙的第一课堂，父母的言传身教、家庭氛围的熏陶，为个体道德观念的初步形成奠定了基础。学校则是系统道德教育的重要场所，通过课程设置、品德教育活动以及师生互动，引导学生树立正确的道德价值观。社会层面的道德影响广泛而多元，社区文化、社会舆论以及各种社会机构都在传播和强化着社会道德规范。媒体在现代社会道德传播中也扮演着不可或缺的角色，其传播的信息和塑造的形象对个体道德认知和行为产生着潜移默化的作用。在大学生网络道德教育情境下，道德社会化的重要性尤为凸显。大学时期是个体从青少年向成年人过渡的关键阶段，也是社会化进程的加速期。这一时期，大学生的生活环境和社交圈子发生了显著变化，他们开始摆脱家庭的直接束缚，更加独立地面对社会生活。在网络时代，大学生的社交范围进一步拓展，网络更成为他们获取信息和交流互动的重要平台。

大学生不仅从传统的家庭教育中延续和深化道德观念，还在大学校园的多元环境中，通过与同伴的互动交流、社交媒体上的信息接收以及课堂上的深入讨论，广泛接触和吸收各种社会道德信息。与同伴互动中的观点碰撞和行为示范，社交媒体上的热点事件和公众讨论，课堂讨论中的理论分析和案例研究，都在不断丰富和重塑着他们的道德认知。因此，教育工作者肩负着重要使命，他们需要通过多种渠道协同发力，帮助学生经常构建符合社会期望的网络道德规范。这不仅包括在课堂教学中系统传授网络道德知识，还需引导学生经常参与网络道德实践活动，培养他们在网络环境中的道德判断能力和行为自律能力。

（二）网络群体与道德行为

网络群体以其独特的组织形式和互动方式，对个体的道德行为产生着不可忽视的影响。与传统实体群体相比，网络群体具有更强的凝聚力和便捷的互动性。成员们基于共同的兴趣、爱好、价值观或目标聚集在一起，通过网络平台进行实时交流和信息共享。这种紧密的互动关系使得群体成员之间的相互影响更为直接和迅速。道德社会学理论强调，群体规范和压力在塑造个体行为方面发挥着关键作用。在网络群体中，成员们共同遵守的行为准则和价值观念构成了群体规范，这些规范通过群体成员的言行进行传递和强化，对个体形成一种无形的约束力量。当个体的行为与群体规范相符时，往往会获得群体的认可和接纳；反之，则可能面临群体的排斥或批评。这种群体压力会促使个体调整自己的行为选择，以适应群体的期望。例如，在一些积极向上的网络学习社群中，成员们通常相互鼓励、共同进步，形成了勤奋学习、积极分享的良好氛围，这种群体规范会激励个体更加努力地学习和提升自我。相反，在一些不良网络群体中，如传播虚假信息、进行网络暴力的群体，其负面的群体文化会对成员产生误导，使个体更容易做出不道德甚至违法的行为。

在网络道德教育中，教师应当引导学生充分认识到网络群体对其道德行为的潜在影响。通过开展网络道德教育课程、组织主题讨论活动等方式，帮助学生提高对网络群体规范和压力的敏感度，增强他们的道德辨别能力。应当鼓励学生主动加入积极正向的网络群体，如学术交流群、公益活动群等，让他们在良好的群体氛围中受到积极影响，培养正确的道德观念和行为习惯。同时，教育学生警惕和远离负面群体文化，避免受到不良思想和行为的侵蚀。

（三）网络文化与道德变迁

网络文化具有传播速度快、覆盖面广、内容丰富多样等特点，它打破了传统文化的时空限制,为人们提供了一个自由、开放的信息交流平台。在网络文化的蓬勃发展过程中,新的网络行为规范和道德观念如雨后春笋般不断涌现。这些新的道德观念和行为规范既反映了网络时代的社会需求和价值取向,也为传统道德观念和行为准则带来了挑战和冲击。例如,网络隐私保护、数字知识产权、网络言论自由等问题逐渐成为人们关注的焦点,相应的网络道德规范也在不断探索和形成之中。网络文化的虚拟性、匿名性和开放性,使得个体在网络空间中的行为更加自由和多样化,这既为个体的自我表达和创新提供了广阔空间,也容易引发一些道德失范行为,如网络欺诈、网络色情、网络暴力等。

道德社会学密切关注这种道德观念的变迁及其对个体行为的影响。在网络道德教育中,教育者需要敏锐洞察网络文化的发展趋势和特点,并及时调整教育内容和方法,以适应新的道德要求。教育内容应与时俱进,融入网络道德的新内容和新案例,要引导学生深入思考网络环境中的道德问题,培养他们的网络道德意识和责任感。

教育方法也应多样化和创新化,应充分利用网络平台和新媒体技术,开展形式多样的网络道德教育活动,如线上主题讲座、案例分析、角色扮演等,增强教育的吸引力和实效性。同时,培养大学生的批判性思维能力至关重要。在信息爆炸的网络时代,大学生需要具备辨别是非、善恶的能力,能够对网络文化中的各种信息和现象进行理性分析和判断。引导学生认识到网络文化中的负面元素,如虚假信息、低俗内容等,并鼓励他们对这些负面现象进行反思和抵制,同时积极参与网络文化的净化和建设,共同营造健康、文明的网络环境。

第二节 网络道德教育的相关理论

一、虚拟与现实环境的互动关系

(一)网络道德教育基于互动关系的目标定位

网络道德教育绝非仅仅局限于对虚拟空间内个体行为规范的简单引导,它的实质是对虚拟空间与现实社会之间复杂互动关系的深度审视和系统性引导,这一过程涉及多个层面的考量和目标设定。

网络道德教育的根本目标在于通过规范大学生在虚拟环境中的行为，全方位提升他们的现实社会中的责任感和伦理意识。在当今数字化时代，大学生作为网络使用的主力军，在虚拟环境中的行为表现不仅反映了其个人的道德素养，更对现实社会产生着不可忽视的影响。

网络行为与现实行为之间存在着紧密且内在的逻辑联系。在虚拟世界中，大学生的每一次言论、每一个行为都并非孤立存在，它们往往是现实生活中价值观和道德观念的一种外在体现。例如，在网络社交平台上，大学生对待他人的态度、言论的文明程度，都反映了其在现实生活中是否具备尊重他人、诚实守信等基本道德品质。因此规范网络行为，对于培养大学生良好的道德品质和行为习惯具有至关重要的作用。

当大学生在虚拟环境中养成遵守道德规范的习惯时，这些积极的品质会自然而然地延伸到现实生活中。在网络上能尊重他人隐私、文明友善交流的大学生，在现实生活中也更有可能尊重他人的权益，以良好的道德素养与人交往。这种积极品质的延伸，有助于增强大学生对社会伦理道德的认知和践行能力。

社会伦理道德是维护社会秩序、促进社会和谐发展的基石。大学生作为未来社会的栋梁之材，他们对社会伦理道德的认知和践行能力直接关系到社会的发展方向和文明程度。通过网络道德教育，引导大学生在虚拟环境中树立正确的道德观念和行为准则，能够使他们在面对现实生活中的各种道德抉择时，更加坚定地选择符合社会伦理道德的行为方式。例如，在网络上开展关于环境保护、社会公平正义等主题的道德教育活动，引导大学生积极参与讨论和实践，能够激发他们对这些社会问题的关注和责任感。当他们在现实生活中遇到类似问题时，就会主动选择正确的做法，为推动社会的可持续发展和公平正义贡献自己的力量。

网络道德教育还有助于培养大学生的自律意识和自我约束能力。在虚拟环境中，由于缺乏现实的直接监督，个体的行为更多地依赖于自我约束。通过网络道德教育，让大学生明白在虚拟世界中同样需要遵守道德规范，这能够促使他们在无人监督的情况下，依然保持良好的道德行为。

（二）互动性对网络道德教育的要求

教育者要密切关注大学生在网络空间中的道德行为表现，其中涵盖了多个具体方面。

第一，是否遵守网络礼仪。网络礼仪是在网络交流中约定俗成的行为规范，它体现了个体的文明素养和对他人的尊重。例如，在网络论坛、社交媒体等平台上，使用礼貌用语、尊重他人观点、避免恶意攻击和辱骂等都是网络礼仪的基本要求。教育者需要关注大学生在这些方面的表现，及时发现并纠正不文明的网络行为。

第二，要关注大学生是否尊重他人隐私。在网络环境中，个人信息的传播速度快且范围广，隐私保护面临着更大的挑战。大学生可能由于缺乏隐私意识，在不经意间泄露他人的个人信息，这不仅侵犯了他人的隐私权，还可能引发一系列不良后果。教育者要引导大学生树立正确的隐私观念，让他们明白保护他人隐私的重要性，并学会在网络活动中正确处理和保护个人信息。

第三，教育者还需关注大学生是否传播正确信息。网络上的信息纷繁复杂，真假难辨，一些虚假信息可能会误导公众，造成不良影响。大学生作为信息的传播者之一，有责任确保所传播的信息正向真实可靠。教育者要培养大学生的信息辨别能力，让他们学会通过多种渠道核实信息的真实性和优劣性，避免传播未经证实的谣言和虚假信息。然而，仅仅关注这些网络行为表现是远远不够的，教育者更要深入思考这些行为对现实社会可能产生的连锁反应。网络空间与现实社会之间存在着千丝万缕的联系，一些网络行为往往会在现实中引发一系列的后果。例如，在网络上传播的负面信息可能会引发公众的恐慌和焦虑情绪，影响社会的稳定；而一些网络暴力事件，不仅会对受害者的身心健康造成严重伤害，还可能引发社会对网络道德问题的关注和反思。

第四，网络空间的道德规范与现实生活的行为准则之间存在着相互影响、相互促进的关系。一方面，网络空间所倡导的道德规范，如诚实守信、文明友善、尊重他人等，在一定程度上会渗透并延伸到现实生活中，影响人们在现实交往中的行为选择。当大学生在网络上养成了良好的道德习惯，他们在现实生活中也会更加自觉地遵循这些道德准则，以更加文明、友善的态度与人交往，促进社会人际关系的和谐发展。另一方面，现实社会的道德准则也为网络行为提供了基本的价值导向。现实生活中所倡导的公平正义、社会责任等道德观念，同样适用于网络空间。教育者要引导大学生认识到网络行为并非孤立存在，它是现实行为的一种延伸，应该始终遵循现实社会的道德准则。只有将现实社会的道德准则融入网络行为中，才能构建一个健康、和谐的网络环境。

二、网络思想政治教育中的主客体关系

（一）网络思想政治教育：网络道德教育的核心组成部分

网络思想政治教育，作为网络道德教育体系中至关重要且不可分割的核心板块，在引导当代大学生塑造正确的价值观与道德观进程中，扮演着无可替代且举足轻重的角色。在当今数字化时代，网络已然深度融入人们生活的方方面面，大学生作为网络空间的活跃群体，其成长与发展深受网络环境的影响。

网络思想政治教育并非孤立存在，而是紧密依托于网络道德教育这一宏观架构。它以独特的教育理念为基石，借助一系列行之有效的教育模式与方法，将思想政治教育的丰富内涵与网络环境的鲜明特征深度融合。具体而言，思想政治教育所涵盖的理想信念教育、爱国主义教育、道德规范教育等内容，通过网络这一多元且开放的平台，再以更加生动、直观、便捷的方式传递给大学生。

网络环境具有信息海量、传播迅速、交互性强等特点，这些特点既为网络思想政治教育带来了新的契机，也使其面临诸多挑战。在这样的背景下，网络思想政治教育致力于培养大学生契合社会发展需求的道德品质与价值观念。这不仅关乎大学生个体的全面发展，更是社会稳定与进步的必然要求。

在网络时代的浪潮下，大学生置身于信息的汪洋大海之中，每天接触到来自世界各地的各个方面的海量信息。同时，多元文化相互碰撞、交融，不同的价值观和道德观念纷至沓来。而大学生正处于价值观和道德观形成与发展的关键时期，他们的思想既具有较强的可塑性，也容易受到外界因素的干扰和影响。

网络思想政治教育通过开展系统且深入的教育活动，犹如在复杂的网络迷宫中为大学生指引正确的方向，帮助他们在纷繁复杂的信息中明辨是非善恶。教育活动以丰富多样的形式展开，如线上专题讲座、案例分析、主题讨论等，引导大学生运用正确的价值观和道德观去分析和判断网络信息，坚守住道德底线，以免被不良信息所侵蚀。

（二）主客体关系的模式转变

在传统教育模式的框架下，教育者处于绝对的主导地位，宛如掌控全局的指挥者，被普遍视为唯一的道德标准制定者。这一地位的确立，源于长期以来教育体系中知识传递的单向性和权威性。

教育者依据既定的教育目标和精心编排的教学内容，通过单一的信息传播路径向受教育者传授知识和道德规范。这种传播方式往往是自上而下的，如同瀑布般一泻而下，缺乏受教育者的主动参与和及时反馈。受教育者在这一过程中，犹如被动接受知识灌输的容器，只能按照教育者设定的轨迹前进，缺乏自主探索和自我表达的空间。然而，随着互联网技术的飞速更新以及新媒体技术的蓬勃发展，网络空间的崛起彻底改变了传统教育的生态环境。在虚拟而又充满活力的网络空间中，教育者和受教育者的角色定位发生了显著变化，两者的关系与相处模式逐渐转化为相对独立且平等的。

网络环境所具备的开放性、平等性和互动性等本质特征，成为推动主客体关系转变的关键力量。开放性使得网络空间成为一个无边界的知识海洋，任何人都可以自由地获取和分享信息；平等性则打破了传统教育中教育者与受教育者之间的身份壁垒，无论身份地位如何，在网络平台上都享有平等的话语权；互动性则为双方提供了实时交流和沟通的便捷渠道，信息的传递不再是单向的，而是呈现出多向、动态的交互模式。

在网络平台上，教育者和受教育者能够跨越时空的限制，实现即时的交流与沟通。这种交流不再局限于固定的时间和地点，无论是白天还是黑夜，无论身处国内还是国外，只要有网络连接，双方就可以随时随地沟通交流。双方都拥有充分的机会表达自己独特的观点和想法，分享彼此的经验和见解。这种双向、交互性的关系，极大地激发了受教育者的主动性和创造性，使他们从传统教育中的被动接受者转变为积极的参与者和探索者。

三、思想政治教育的新媒体环境

（一）新媒体技术：网络思想政治教育的支撑

新媒体技术以其独特的魅力，为思想政治教育领域带来了全方位、深层次的变革，从根本上突破了传统教育在时间与空间维度上的固有局限，为教育者与受教育者之间搭建起一座更为广阔且便捷的沟通桥梁。

新媒体技术所蕴含的传播形式丰富多元，涵盖了文字、图片、音频、视频等多种模态。文字作为信息传递的基本载体，能够精准、深入地阐述思想政治教育的理论内涵与价值观念；图片则以直观、形象的视觉呈现方式，增强教育内容的感染力与吸引力,使抽象的思想观念变得具体可感;音频凭借其独特的听觉传播优势,能够在特定场景下营造出沉浸式的教育氛围,让受教育者在潜移默化中接受教育熏陶;视频更是融合了多种元素,以生动、动态的形式将教育内容进行全方位展示,从而极大地提升了教育的直观性与趣味性。这些多样化的传播形式相互补充、协同作用,以一种更加生动、形象的方式呈现思想政治教育内容,从而显著增强了教育的吸引力和感染力,使思想政治教育不再局限于传统的枯燥说教模式。

与此同时,新媒体平台所具备的强大信息传播和互动功能,为思想政治教育活动的设计与实施提供了广阔的创新空间。教育者能够依据不同的教育目标以及受众的个性化需求,灵活且富有创造性地设计并开展多样化的教育活动。例如在线课程打破了传统课堂教学在时间和空间上的限制,让学生可以根据自己的学习进度和时间自由安排,随时随地进行学习,实现了教育资源的最大化利用;虚拟讲座则借助先进的网络技术,邀请专家学者跨越地域限制进行知识传授和思想交流,拓宽了学生的视野;互动游戏以寓教于乐的方式,将思想政治教育内容巧妙融入游戏环节中,激发学生的学习兴趣和参与热情,使学生在轻松愉快的氛围中接受道德教育。

(二)新媒体环境下社会舆论的作用

在网络空间这一虚拟却又紧密相连的环境中,舆论传播展现出与传统媒体截然不同的特征,其传播速度之快、范围之广,远远超越了以往任何时代。一条信息借助新媒体平台的强大传播力,能够在瞬间跨越地域、文化等诸多障碍,传遍全球各个角落,并迅速引发广泛的关注和热烈的讨论。这种快速传播且广泛影响的舆论环境,犹如一把双刃剑,既为网络思想政治教育带来了前所未有的发展契机,也不可避免地为其带来了一系列严峻的挑战。对于大学生的网络道德教育而言,正确引导社会舆论无疑是一项至关重要且极具挑战性的任务。积极健康的舆论氛围犹如一股强大的正能量洪流,能够在网络空间中传播正确的价值观和道德观,为大学生树立起清晰明确的行为准则和价值导向。通过正面舆论的引导,大学生能够在潜移默化中受到积极影响,形成正确的世界观、人生观和价值观,培养良好的道德品质和行为习惯。例如,一些关于英雄事迹的报道、正能量的公益活动宣传等,能够激发大学生的爱国情感、社会责任感和奉献精神,引导他们树立积极向上、追求真善美的价值观。

然而，不容忽视的是，网络空间的开放性和匿名性也使得一些片面或极端的声音得以滋生和传播。这些不良信息可能会对大学生尚未成熟的思想观念和价值判断产生负面影响，进而误导他们的思想和行为。例如，一些虚假信息、低俗内容、极端言论等，这可能会混淆大学生的是非观念，削弱他们对正确价值观的认同感，甚至引发一些不良行为。因此，教育者肩负着重大的责任，需要深入研究和把握舆论环境的客观规律，运用科学的方法和专业的知识，密切关注网络舆论动态。通过实时监测和分析网络舆情，及时发现潜在的热点话题和不良倾向，并采取有效的引导措施，营造一个有利于大学生健康成长的舆论环境。这不仅需要教育者具备敏锐的洞察力和判断力，还需要他们掌握有效的舆论引导策略和方法，如通过发布权威信息、开展正面宣传、组织理性讨论等方式，引导大学生树立正确的舆论导向，增强他们对不良信息的免疫力。

（三）新媒体环境对网络道德教育的具体要求

1. 信息复杂性带来的挑战与信息辨别能力培养的核心地位

在新媒体环境下，网络空间已然演变成一个庞大且复杂的信息海洋。海量的信息以爆炸式的速度持续不断地涌现，其来源极为广泛，涵盖了全球各个角落的不同主体，包括个人用户、媒体机构、企业组织以及各类社会团体等。这些信息的内容更是繁杂多样，几乎涉及人类知识的各个领域和层面，从政治、经济、文化到科技、娱乐、生活等，无所不包。在这汹涌的信息洪流中，一个突出的问题是真假信息相互交织、鱼龙混杂。虚假信息可能出于某种目的被有意制造和传播，例如商业利益驱动下的虚假广告宣传、恶意的谣言散布以达到某种政治意图或破坏特定群体形象等。同时，由于信息传播门槛的降低，大量未经严格审核的信息也得以流入网络空间，进一步加剧了信息的混乱程度。对于正处于价值观形成和知识储备阶段的大学生而言，这种信息环境的复杂性为其带来了巨大的挑战。他们在获取和处理信息时往往感到无所适从，难以凭借自身有限的经验和知识准确辨别信息的真实性和可靠性。一旦受到虚假信息的误导，可能会对他们的思想观念产生扭曲影响，进而在行为决策上出现偏差。例如，一些虚假的健康养生信息可能导致大学生采取错误的生活方式，影响其身心健康；而虚假的社会热点信息则可能引发他们对社会现象的错误认知，动摇其正确的价值观。因此，帮助大学生提高信息辨别能力成为网络道德教育的核心任务之一。教育者必须充分认识到这一任务的紧迫性和重要性。在当今数字化时代,信息辨别能力已成为大学生必备的核心素养之一,关乎他们能否在复杂的网络环境中健康成长,以及能否成为具有独立思考能力和正确价值观的社会栋梁。

为了有效提升大学生的信息辨别能力,教育者需要通过多种途径和方式,系统地向大学生传授信息辨别技巧和方法。其中开设相关课程是一种行之有效的方式。在课程设置方面,应进行精心规划和设计。首先,信息来源分析是课程的重要组成部分。要教导大学生如何识别信息的发布者,了解不同类型发布者的背景、信誉和动机。例如,官方媒体发布的信息通常具有较高的权威性和可信度,而一些匿名用户或来源不明的网站发布的信息则需要谨慎对待。其次,信息内容评估也是关键环节。这包括对信息内容的准确性、完整性和逻辑性进行分析。教导大学生学会查证信息中的事实依据,判断信息是否存在夸大、歪曲或片面之处。最后,逻辑推理与批判性思维的培养贯穿整个课程。

2. 批判性思维能力——提高信息辨别能力的关键

批判性思维作为一种高阶思维能力,能够使大学生在面对纷繁复杂的信息时,摆脱盲目接受的状态,而是运用理性思维和逻辑分析,对信息进行深入思考和全面评估。在网络信息的海洋中,各种观点和信息层出不穷,其中不乏一些具有迷惑性的内容。批判性思维能够帮助大学生不被表面现象所迷惑,不轻易相信未经证实的信息。当面对一条看似诱人的信息时,具有批判性思维的大学生应该能够运用所学的知识和方法,对其进行多维度的审视。

教育者可以通过多种教学方法来培养大学生的批判性思维能力。课堂讨论是一种非常有效的方式。在课堂上,教师可以提出一些具有争议性的网络信息案例,引导学生对此展开讨论。在讨论过程中,鼓励学生从不同的角度发表自己的观点,分享自己对信息的理解和判断。通过这种思想的碰撞,学生能够拓宽思维视野,并学会从多个层面分析问题。

案例分析也是培养批判性思维的重要手段。选取具有代表性的网络虚假信息案例,详细剖析其产生的背景、传播的途径以及造成的影响。引导大学生分析案例中信息存在的问题,如信息来源的不可靠性、内容的夸大或歪曲、逻辑的混乱等。通过对实际案例的深入分析,大学生能够更加直观地认识到批判性思维在信息辨别中的重要性,并学会运用批判性思维方法对类似信息进行判断。

项目实践同样有助于培养批判性思维能力。例如，组织学生开展关于网络信息真实性调查的项目。让学生自主选择感兴趣的网络热点信息，然后通过实地调研、数据收集、专家咨询等方式，对信息的真实性进行深入探究。在项目实践过程中，学生需要运用批判性思维来制定研究方案、分析收集到的数据、评估信息的可靠性。这种亲身体验能够使他们更加深刻地理解批判性思维的内涵和应用方法。

3.增强对网络舆论的分析和判断力及相关教育活动开展

网络舆论作为网络信息的重要组成部分，具有传播迅速、影响广泛的显著特点。在新媒体环境下，一条信息可以在瞬间传遍全球，引发广泛的关注和讨论，其对大学生的思想和行为有着不可忽视的影响。网络舆论的形成往往源于某个热点事件或话题，不同的人基于自身的立场、观点和价值观，会在网络上发表各种各样的言论，从而形成舆论的洪流。然而，网络舆论具有多样性和复杂性，其中既有理性、客观的声音，也不乏情绪化、片面甚至是恶意的言论。大学生正处于思想活跃、好奇心强的年龄阶段，容易受到网络舆论的影响。如果他们缺乏对网络舆论的分析和判断能力，就可能被表面现象所迷惑，盲目跟风参与舆论讨论，甚至在不知不觉中传播错误的观点和信息。为了帮助大学生提高对网络舆论的分析和判断力，教育者可以通过组织专门的教学活动来引导他们。在教学活动中，首先要教导大学生学会从多个角度审视舆论事件。这包括了解事件的全貌，不仅关注事件的表面现象，还要深入挖掘事件的背景、起因、发展过程以及涉及的各方利益关系。例如，对于一起网络热点社会事件，要引导学生了解事件发生的社会环境、相关政策背景以及不同群体的诉求，从而全面、客观地认识事件。分析舆论背后的深层次原因和动机也是重要的一环。网络舆论的形成往往并非偶然，其背后可能涉及多种因素，如社会矛盾的激化、公众对某一问题的长期关注、特定利益集团的推动等。

同时，教育者还应引导大学生在面对网络舆论时保持冷静和理性，不被情绪化的言论所左右。在网络舆论中，情绪化的言论往往容易引发共鸣和传播，但这些言论往往缺乏理性思考和客观依据。教育者要教导大学生学会控制自己的情绪，以理性的态度对待舆论事件，并运用正确的价值观和道德标准对舆论事件进行判断和评价。为了促进大学生在网络环境中的理性思考，教育者可以通过多种途径开展丰富多样的教育活动。组织网络讨论活动是一种行之有效的方式。针对热点道德问题设置讨论主题,例如"网络暴力的危害与防范""网络言论自由的边界"等,鼓励大学生积极发表自己的观点和看法。在讨论过程中,教育者要发挥引导作用,鼓励学生进行深入分析和理性探讨。当学生发表观点时,教育者可以引导其他学生进行回应和补充,促进学生之间思想的交流和碰撞。引导他们从不同角度思考问题,尊重不同的观点和意见。通过这种互动式的学习方式,帮助大学生正确处理个人与社会、自由与责任之间的关系。使他们明白,在享受网络自由带来的便利和乐趣的同时,必须自觉遵守道德规范,并承担起相应的社会责任。

第三节 网络伦理与网络道德的关系

一、网络伦理对网络道德的引导

(一)网络伦理

1. 网络伦理的产生背景与必然性

在数字化时代,网络技术以前所未有的速度迅猛发展,其影响力已渗透到社会生活的方方面面,大学生群体自然也深受其影响。互联网的广泛普及,使得大学生置身于一个信息海量且环境复杂的虚拟世界之中。在这个虚拟空间里,信息传播的速度之快、范围之广以及形式之多样,都远远超越了传统媒介。传统的道德规范是在长期的现实社会生活中形成的,其运行机制和约束方式都建立在面对面的人际交往和相对稳定的社会结构之上。然而,面对网络空间的独特性,传统道德规范在约束力方面往往显得力不从心。例如,在网络世界中,信息的快速传播和复制使得知识产权保护面临巨大挑战;匿名性则可能导致一些人肆意发表不负责任的言论,引发网络暴力和虚假信息传播等问题。网络伦理正是在这样的背景下应运而生,它是网络技术飞速发展与网络问题不断涌现共同作用的必然产物。网络伦理的出现,旨在填补传统道德规范在网络空间的空白,为大学生在虚拟世界中构建一种宏观的、指导性的价值框架。

2.网络伦理对网络道德的价值导向作用

在丰富多彩却又充满迷惑的网络生活中,网络伦理扮演着至关重要的角色。以尊重他人知识产权这一网络伦理价值观念为例,随着网络创作日益繁荣,大学生参与网络内容创作的热情也日益高涨。网络为大学生提供了一个广阔的创作平台,使他们能够充分展示自己的才华和创意。然而,在这个过程中,知识产权保护问题也日益凸显。网络伦理强调尊重知识产权,这一理念直接引导了网络道德规范的形成。在网络道德层面明确规定,大学生不得随意抄袭、盗用他人的网络作品。这一规定具有多方面的重要意义。首先,它切实维护了网络创作者的合法权益,保障了他们的创作成果不被非法侵犯和窃取。创作者在创作过程中投入了大量的时间、精力和智慧,他们的作品也理应受到尊重和保护。其次,这一规定营造了一个积极健康、充满活力的网络创作环境。只有当创作者的权益得到充分保障,他们才会更有动力和信心进行创作,从而为网络文化的繁荣贡献更多优秀的作品。

(二)网络伦理在多维度对网络道德的引导作用

1.网络伦理对网络道德规范制定和完善的指导作用

在对大学生网络行为进行规范的过程中,网络伦理的原则和理念犹如坚固的基石,支撑着具体网络道德规范的构建。以网络交往中的诚信原则为例,网络伦理所倡导的真诚、守信理念,成为网络道德规范制定的重要依据。网络交往虽然具有虚拟性,人们在网络中可以通过各种虚拟身份进行交流,但本质上依然是人与人之间的交流。诚信作为人际交往的基本准则,在网络环境中同样不可或缺,它是维持在网络中良好交流秩序的基础。在网络社交、网络学习等多元活动中,网络道德规范明确要求大学生保持真实身份,坚决杜绝虚假信息传播和欺诈行为。在网络社交平台上,真实身份的保持有助于建立信任关系,并促进人与人之间健康、积极地交流。在网络学习中,诚信则体现在遵守学术道德规范,不抄袭作业、不考试作弊等方面。

随着网络技术日新月异的发展以及大学生网络行为的日益多样化,网络伦理并非一成不变,而是处于持续发展和演变的动态过程中。这种动态发展进而有力地推动了网络道德规范的不断更新和完善。近年来,各种社交媒体和在线教育平台如雨后春笋般兴起,网络环境发生了深刻变化。在社交媒体平台上,用户之间的互动更加频繁和复杂，信息传播的速度更快，范围更广。在线教育平台则为大学生提供了全新的学习方式和资源，但也带来了一些新的问题，如学习过程中的诚信问题、个人信息安全问题等。在这种背景下，网络伦理对个人隐私保护提出了更高要求。相应地，网络道德规范也增加了诸多关于大学生在使用这些平台时应如何妥善保护个人及他人隐私的具体规定。例如，要求大学生在注册社交媒体账号时应仔细阅读隐私条款，不随意泄露个人敏感信息；在使用在线教育平台时，尊重他人的隐私，不非法获取或传播他人的学习资料等。

2. 网络伦理对大学生网络价值观塑造的引导作用

在网络这个充满诱惑和多元价值观念的世界里，大学生很容易迷失方向。由于网络中充斥着各种信息，其中不乏一些不良信息和错误的价值观念，如拜金主义、享乐主义、极端个人主义等。这些信息可能会对大学生的价值观产生负面影响，导致他们在网络行为中出现偏差。

网络伦理犹如一位智慧的导师，帮助他们树立正确的网络价值取向。通过将网络伦理的价值观念有机融入网络道德教育中，能够培养大学生强烈的网络责任感和高度的道德自律意识。网络伦理所倡导的价值观，如尊重、包容、责任、奉献等，能够引导大学生在面对复杂的网络信息时，始终保持清醒的头脑，做出正确的判断。

当大学生深刻理解并认同网络伦理所倡导的价值观后，他们便能自觉地以网络伦理为指引，积极践行网络道德规范。例如，当他们认识到网络言论自由是有限度的，必须在法律和道德的框架内行驶时，就会更加谨慎地发表言论，避免传播不良信息和谣言。长此以往，大学生在网络世界中就能逐渐形成良好的行为习惯和高尚的道德品质，为营造风清气正的政治环境贡献自己的一份力量。

网络伦理对大学生网络价值观的塑造，还体现在培养他们的社会责任感上。网络不仅是个人娱乐和交流的平台，更是一个社会公共空间。大学生作为网络的重要参与者，应该意识到自己的行为对他人和社会所产生的影响。通过网络伦理教育，引导大学生积极参与网络公益活动，传播正能量，关注社会热点问题，为解决网络社会问题贡献自己的智慧和力量。

二、网络道德对网络伦理的实践

（一）网络道德与网络伦理的内在关联及重要性阐释

网络道德与网络伦理作为规范大学生网络行为的核心准则，二者间存在着盘根错节且牢不可破的内在联系，对大学生网络活动的健康发展及网络伦理目标的达成具有深远且重大的意义。网络伦理，作为一种抽象的、高层次的道德理念集合，是网络空间行为的宏观价值坐标。它源于传统伦理道德在网络环境下的延伸与拓展，其融合了社会主流价值观、人类基本道德准则以及网络技术特性所衍生的特殊要求，为网络空间中的行为提供了根本性的价值指引。然而，这些抽象的原则和理念犹如高悬天际的星辰，虽闪耀着智慧的光芒，但要想真正对现实网络行为产生实质性影响，就必须借助网络道德这一具体的实践载体。

网络道德是网络伦理在具体网络行为中的生动映射与实践落地。它将网络伦理的抽象理念细化为一系列可操作、可衡量的行为准则，使网络伦理不再是遥不可及的空中楼阁，而是切实可感、能够直接指导大学生网络活动的行动指南。网络道德如同桥梁一般，紧密连接着网络伦理与现实网络行为，跨越了抽象与具体之间的鸿沟，让网络伦理的价值理念能够顺畅地融入大学生的日常网络生活。这种内在关联深刻反映了网络环境下道德规范的层次性与系统性。网络伦理作为上位概念，为网络道德提供了理论基石与价值导向；网络道德作为下位概念，则是网络伦理在现实中的具体呈现与实践延伸。二者相辅相成、缺一不可，共同构建起了网络空间的道德规范体系。深入剖析二者的内在联系，不仅有助于我们从理论层面深化对网络道德现象的理解，更能为在实践中引导大学生树立正确的网络道德观念、规范网络行为提供坚实的理论支撑。

（二）网络道德在大学生网络活动中对网络伦理目标的具体实现

网络伦理所倡导的多元原则和理念，诸如公平正义、尊重隐私、保护知识产权等，犹如璀璨的道德星辰，高悬于网络空间的苍穹之上，为大学生的网络行为指明方向。而这些理念的真正落地生根，更离不开网络道德在大学生日常网络行为中的细致入微地体现和坚定不移地贯彻。以网络空间的公平正义理念为例，在网络讨论、网络竞赛等各类活动中，网络道德对大学生提出了明确且严格的要求。在网络讨论这一充满思想碰撞与交流的场域中，大学生应秉持理性、客观的态度，以开放包容的胸怀接纳不同观点。这不仅要求他们摒弃主观偏见与情绪冲动，避免因个人喜好或立场而对他人观点进行恶意攻击或片面解读，更要积极运用批判性思维，在尊重他人表达权利的基础上，进行建设性的讨论与交流。只有这样，才能确保网络讨论的公平性和建设性，使网络讨论成为知识共享、思想升华的平台，而非争吵谩骂的战场。

在网络竞赛领域，网络道德同样发挥着至关重要的规范作用。大学生需依靠自身真实能力参与竞争，坚决杜绝通过作弊、刷票等不正当方式破坏竞赛的公平性和公正性。网络竞赛作为网络空间中展现个人才华与能力的重要形式，其公平公正的实现不仅关系到竞赛结果的公信力，更关乎网络空间公平正义理念的维护。通过遵守网络道德规范，大学生在网络竞赛中展现出的诚信品质与自律精神，将为构建公平有序的网络环境贡献积极力量。大学生在网络活动中切实遵循网络道德规范，是实现网络伦理目标的核心环节。网络伦理目标的达成绝非一蹴而就之事，而是一项长期而艰巨的系统工程，依赖于每一位网络使用者，尤其是作为网络使用主力军的大学生在日常网络行为中的点滴践行。在网络学习方面，当大学生尊重知识版权，不非法获取和传播学习资料时，这一网络道德行为就起到了启示、约束作用，有力地推动了网络伦理中保护知识产权、促进知识合法传播目标的实现。在当今数字化时代，知识的传播与共享变得前所未有的便捷，但这也带来了知识产权保护的严峻挑战。大学生作为网络学习的主体，他们对知识产权的尊重与维护，不仅是对知识创作者辛勤劳动的认可与尊重，更是对网络学习资源健康流通和可持续发展的有力保障。

在网络社交领域，大学生遵守诚信原则，真诚待人，拒绝网络暴力和恶意诋毁，有助于营造一个和谐、友善的网络社交环境，这正是网络伦理所期望的健康网络交往氛围的生动体现。网络社交作为大学生拓展人际关系、丰富社交生活及休闲娱乐的重要途径，其健康发展对于大学生的身心健康和社会成长具有重要意义。积极的网络社交行为能够增强用户之间的信任，促进信息的有效传递和情感的良好沟通。当大学生在网络社交中秉持诚信与友善，以真诚之心对待他人时，他们不仅为自己赢得了良好的人际关系，更为整个网络社交环境注入了正能量，从而推动网络社交朝着更加文明、和谐的方向发展。

（三）大学生遵循网络道德规范的深层影响与推进策略

当大学生积极践行网络道德规范时，就如同在网络世界中树立起了一个个熠熠生辉的道德标杆。这些标杆不仅彰显了道德的力量，更吸引和带动着身边更多的人关注和遵守网络道德。以点带面的传播效应，能够迅速在网络空间中蔓延开来，使得网络伦理的价值观念如同春风化雨般渗透到社会各个角落，得到更广泛的传播和认同。在一些网络公益活动中，大学生积极参与并严格遵守网络道德规范，以真诚、负责的态度全身心投入其中。他们的行为犹如一盏明灯，照亮了网络公益的前行道路，带动着其他网络用户纷纷响应。这种感染并非简单的行为模仿，而是源于内心深处对道德力量的认同与追求。在大学生的带动下，将使更多人加入网络公益行动中来，同时促使更多人在网络活动中秉持道德准则。与此同时，大学生在遵循网络道德规范的过程中，自身也经历着一场深刻的道德洗礼与成长蜕变。

在面对复杂多变的网络情境时，大学生能够依据网络道德规范进行审慎思考和准确判断，以理性的态度选择正确的行为方式。这种理性选择不仅体现了他们对道德准则的坚守，更是道德素养提升的重要体现。随着道德素养的不断提高，大学生网络行为的自律能力也日益增强。他们能够自觉抵制各种不良诱惑，坚守道德底线，以更加成熟、负责的态度参与各类网络活动。这种个体道德水平的提升，又会反过来促进网络道德规范的更好执行，形成一个良性循环。在这个循环中，网络伦理目标得以不断推进和实现。每一次个体道德的成长都为网络道德规范的践行注入新的活力，而网络道德规范的有效执行又进一步引导更多大学生提升道德素养，如此往复，推动网络伦理目标逐步达成。为了更好地促进这一良性循环的高效运转，高校和社会应承担起积极引导的重任。高校作为人才培养的主阵地，在大学生网络道德教育中扮演着关键角色。高校可以通过开设系统的网络道德教育课程，深入剖析网络伦理的理论基础，从哲学、社会学、法学等多学科视角解读网络伦理的内涵与外延；详细讲解网络道德的具体规范，包括网络言论规范、网络社交规范、网络学习规范等；深入探讨网络道德与网络伦理之间的内在联系，使大学生深刻认识到网络道德在网络伦理体系中的重要地位和作用。

同时，高校应组织丰富多彩的网络文明宣传活动，如网络道德主题征文比赛、网络文明演讲活动等。这些活动不仅能够激发大学生的参与热情，更能让他们在实践中深化对网络道德的认知和践行能力。如在征文比赛中，大学生通过深入思考网络道德问题，将自己的见解和感悟诉诸笔端，进一步强化对网络道德的理解；在演讲活动中，他们通过表达自己对网络文明的追求和倡导，不仅提升了自身的道德素养，更能感染和带动身边的同学共同关注和践行网络道德。社会各界也应积极配合，形成强大的教育合力。尤其是媒体应充分发挥舆论引导作用，通过正面宣传和案例剖析，弘扬网络道德正能量，曝光网络不道德行为，营造良好的网络道德舆论氛围；而行业协会应加强行业自律，制定完善的网络行业规范，引导网络企业和从业者遵守网络道德准则，共同维护网络空间的健康秩序。

第四章　国内网络道德教育的实践与探索

第一节　国内高校网络道德教育的现状

新媒体凭借其独特的技术优势和传播特性，在教育领域发挥着举足轻重的教育与传播功能。在新媒体环境的滋养下，大学生网络道德教育在持续地开展教育活动与实践进程中，取得了一系列令人瞩目的有效成果。这些成果集中体现在大学生网络道德教育主体性的显著提高、教育吸引力的大幅增强以及教育创新性的有力提升等方面，这为培育大学生网络道德修养注入了源源不断的积极动力，为塑造具有高尚网络道德品质的新时代大学生奠定了坚实基础。

一、大学生网络道德教育意识觉醒

（一）过往教育中网络道德认知的蒙昧状态

在传统的高校思想政治教育模式框架内，教育者与受教育者之间通常构建起一种相对单一且刻板的教育关系。这种关系以知识技能的单向传输为显著特征，呈现出一种线性的、自上而下的教育形态。教育者在这一关系架构中占据主导地位，被赋予知识输出者的角色，他们依据既定的教学大纲和课程内容，按照固定的教学流程和方法，向受教育者传递思想政治教育知识。而受教育者则处于被动接受的状态，宛如知识的单纯接收方，只能被动地聆听、记录教育者所传授的内容，明显缺乏主动参与和自我表达的空间。这种模式在一定程度上限制了受教育者主观能动性的充分发挥。由于缺乏与教育者的有效互动和反馈机制，受教育者难以将自身的思考、疑问以及个性化的需求融入学习过程。他们在学习过程中的积极性和创造性被抑制，难以形成独立思考和自主探索的能力，导致对知识的理解往往停留在表面，而无法深入内化并灵活运用。

1. 网络与新媒体带来的信息传播变革

随着信息传播渠道从以往的相对单一走向丰富多元，传统的报纸、广播、电视等传播方式不再占据主导地位，新兴的社交媒体平台、网络视频网站、自媒体账号等如雨后春笋般涌现，为信息的传播开辟了无数新的路径。传播速度更是实现了质的飞跃，达到了即时性和高效性的新高度。信息能够在瞬间跨越地理界限，传遍世界的每一个角落。一条新闻、一个观点或一段视频可以在数秒内被全球数以亿计的用户获取和传播。在新媒体营造的开放环境中，大学生拥有了前所未有的广阔信息获取空间。他们无须局限于传统的图书馆、课堂等信息来源，只需轻点鼠标或滑动屏幕，就能自由地浏览和查阅海量的信息资源。这些信息资源的呈现形式也不再局限于传统的文字与图片，而是融合了声音、图像、视频等多种元素，通过视听内容相结合的方式，为大学生带来了更加直观、生动的信息体验。例如，在线课程、知识讲座视频、互动式学习软件等，可以使学习过程不再枯燥乏味，而是充满趣味性和吸引力。

2. 新媒体环境下大学生成为思想政治教育主体

在新媒体营造的全新环境下，信息传播模式发生了根本性的转变，不再是简单的单向流动，而是实现了双向互动。大学生不再仅仅是信息的被动接受者，他们凭借新媒体平台赋予的权利和能力，更加积极主动地参与到信息的传播与交流过程中。在各种新兴媒体平台上，大学生展现出了极高的参与热情和创造力。他们可以针对感兴趣的话题发表自己独特的见解，无论是学术问题、社会热点还是文化现象，都能在网络空间中引发广泛而深入的讨论。例如，在专业学术论坛上，大学生可以与同行专家、学者以及其他同学交流研究心得和思路，拓宽学术视野；在社交媒体平台上，他们可以就社会热点事件发表自己的观点，参与公共话题的讨论，锻炼自己的批判性思维和社会责任感。同时，大学生还可以分享自己的学习心得和生活感悟，与不同地域、不同背景的人进行思想碰撞。这种思想的交流与碰撞不仅丰富了大学生的知识储备和人生经验，也促使他们不断反思自己的价值观和行为准则。这种从被动接受到主动参与的转变，使得大学生在思想政治教育中逐渐成为真正意义上的主体。他们不再依赖教育者的单方面灌输，而是能够主动地获取知识、思考问题，并通过与他人的互动不断完善自己的认知体系和价值观念。

（二）时代发展促使大学生网络道德意识的自我觉醒

1. 大学生自我提升网络道德素养

在自我提升方面，大学生能够主动借助网络与新媒体平台，积极接受和深入学习道德教育相关内容。网络空间为他们提供了丰富的学习资源，如网络课程、专题讲座、案例分析等，这些资源以生动多样的形式呈现，使道德教育学习不再枯燥乏味。在与他人进行沟通交流、发表观点见解的过程中，大学生能够自觉的关注到自身网络行为的规范性问题。他们会思考自己的言论是否符合道德规范，是否会对他人造成不良影响。例如，在参与网络论坛讨论时，大学生会更加谨慎地选择用词，避免发表不当言论；在分享信息时，会更注重信息的真实性和可靠性，传播积极健康的思想。通过这种自我反思和自我约束，大学生不断提高自身的网络道德认知水平，强化网络道德意志行为，逐渐养成良好的网络道德习惯。

2. 为教育者提供内容平台与新要求

对于高校思想政治教育工作而言，新媒体的应用为教育者提供了一个能够持续接收与教育过程相适应和补充的内容平台。教育者可以通过新媒体及时了解社会热点话题、学生关注焦点以及最新的教育理念和方法。例如，通过社交媒体平台，教育者可以实时关注学生对各类热点事件的讨论和态度，了解他们的思想动态；通过专业教育网站和学术论坛，教育者可以获取最新的教育研究成果和教学方法创新案例，不断学习和改进自身教育教学方法。同时，新媒体环境也对高校思想政治教育工作者提出了新的要求。拥有一定的网络技能和信息素养成为他们适应当下教育环境的重要基础。教育者不仅要熟练掌握新媒体工具的使用方法，如社交媒体平台的运营、在线教学软件的操作等，还要具备筛选、分析和整合信息的能力。面对海量的网络信息，教育者需要准确判断信息的价值和导向，筛选出对学生有益的教育资源，并将其整合到教学过程中，以便更好地引导学生正确利用网络资源，开展有效的网络道德教育。

3. 教育者引导大学生网络行为

教育者积极主动地引导大学生正确进行网络行为，倡导文明上网、自觉维护良好的网络环境以及传播具有正能量的信息等内容。教育者通过开展主题教育、发布网络文明倡议书等方式，劝导和阻止影响大学生个人道德健康发展的不利因素。在主题教育方面，教育者可以组织线上线下相结合的网络道德主题班会、演讲比赛、知识竞赛等活动，引导学生深入思考网络道德问题，增强他们的网络道德意识。发布网络文明倡议书则可以明确网络行为准则和道德规范，为学生提供具体的行为指南。例如，组织网络文明宣传活动，鼓励学生积极制作和传播网络文明宣传海报、短视频等，让学生在参与过程中不仅增强自身的网络道德意识，还能将网络文明理念传播给更多的人，形成良好的网络道德氛围，使大学生的网络道德教育更加自主、规范，更具实效性。

二、大学生网络道德教育渠道拓展

（一）传统教育渠道在网络道德教育中的局限

新媒体作为当代极具影响力的信息传播工具，以其颠覆性的特质重塑了信息传播格局。传统的信息传播方式呈现出鲜明的单向性，信息犹如一条单行道，仅从传播者流向接收者，这种模式在教育领域体现为教育者向受教育者的单向知识输送。在传统教育模式下，受教育者通常处于相对被动的地位，他们如同知识的容器，机械地接收教育者传递的信息，缺乏与教育者的有效互动和反馈渠道。长此以往，受教育者容易在这种单调的信息接收过程中容易产生疲劳和抵触情绪，使教育效果大打折扣。新媒体的独特之处在于它彻底扭转了这种局面，将传统的单向信息传播转变为双向或多向的传播模式。这种变革打破了传统教育中信息传递的诸多局限性，极大地吸引了学生的关注。在新媒体环境下，信息传播不再是单一的线性流动，而是形成了一个复杂的交互网络。教育者和受教育者都成为这个网络中的节点，能够平等、便捷地进行沟通与交流。

（二）新兴网络平台成为网络道德教育的前沿阵地

当教育者和受教育者以相对平等的视角和身份进行沟通交流时，思想政治教育的主客体关系得到了更为充分地体现。在传统教育模式中，教育者往往处于主导地位，受教育者则处于从属地位，这种不平等的关系在一定程度上阻碍了教育的深入开展。而在新媒体营造的平等交流氛围中，受教育者更容易放下心理包袱，进而积极主动地参与到教育过程中。他们能够毫无顾虑地表达自己的真实想法和观点，与教育者进行思想的碰撞和共鸣。这种互动式的教育模式能够更好地满足受教育者的学习需求和心理需求。从学习需求角度看，通过与教育者的互动，受教育者可以获得更具针对性的指导和反馈，有助于他们更深入地理解知识；从心理需求角度讲，平等的交流让受教育者感受到尊重和重视，增强了他们的参与感和认同感。在高校思想政治教育中，新媒体这一工具的应用起到不可忽视的作用。在思想政治理论课和其他课程的教学过程中，新媒体充分彰显了其吸引力和感染力。教育者借助新媒体平台，能够将抽象的理论知识以更加生动形象、通俗易懂的方式呈现给学生。例如，制作精美的教学课件，运用丰富的图片、图表和动画元素，将复杂的理论知识可视化；发布生动有趣的教学视频，通过真实案例、故事演绎等形式，让学生更直观地理解知识点；开展在线互动讨论，鼓励学生各抒己见，激发思维的火花。这些多样化的教学形式极大地激发了学生的学习兴趣，使他们从被动的知识接收者转变为主动的学习者，能更加积极地参与到课堂学习中来。

（三）校园网络文化活动丰富网络道德教育途径

在对大学生进行网络道德教育的过程中，高校教育者充分挖掘新媒体多个平台的优势，利用其在信息传播中的独特特点，吸引了众多大学生的关注和积极参与。社交媒体平台成为网络道德教育的重要阵地，教育者可以通过创建网络道德教育主题群组，定期发布与网络道德相关的案例分析、热点话题讨论等内容，引导学生参与讨论和交流。这些案例和话题紧密结合现实生活，能够引发学生的深入思考，促使他们在交流中明辨是非，增强网络道德意识。

视频平台同样发挥着重要作用，教育者制作和发布网络道德教育短视频，以生动有趣的故事、动画等形式传递网络道德知识。这种寓教于乐的方式让学生在轻松愉快的氛围中接受教育，避免了传统说教式教育的枯燥乏味，使网络道德知识更容易被学生理解和接受。

值得一提的是，在新媒体环境下，大学生不再仅仅是网络道德教育的被动接受者，他们自身也成了教育的传播者和输出者。学生通过自媒体平台分享自己的网络道德学习心得、制作网络道德宣传作品等，将自己的思考和感悟传播出去，影响更多的同龄人。这种角色的转变意义重大，它使得整个学习过程更加生动有趣，增强了学生的参与感和成就感。学生在分享和传播的过程中，不仅深化了自己对网络道德知识的理解，还能够带动身边的同学共同学习和进步，在一定程度上有力地推动了大学生网络道德教育的具体实践。

三、大学生网络道德教育内容深化

（一）传统网络道德教育内容的浅显与片面

传统上，课堂教学与社会实践构成了教育工作的基本形式。课堂教学作为知识传授的核心阵地，凭借其系统性和逻辑性，为学生搭建起学习思想政治理论知识的坚实框架。在课堂上，教育者通过精心设计的教学内容和严谨的教学方法，将马克思主义理论、思想道德修养等重要知识体系逐步传授给学生，帮助他们构建起正确的世界观、人生观和价值观。社会实践则是连接理论与实际的桥梁，让学生把他们在课堂上学到的知识应用于真实的社会场景中。通过参与社区服务、社会调研、单位实习等实践活动，学生不仅能够深化对理论知识的理解，还能增强对社会的认知和责任感，培养解决实际问题的能力。然而，随着信息技术在新媒体时代的迅猛发展，教育环境发生了翻天覆地的变化。新媒体以其独特的传播特性，如信息传播的即时性、互动性和海量性，打破了传统教育在时间和空间上的限制。传统的教育形式面临着前所未有的挑战，信息传播渠道的多元化使得学生获取信息的方式更加便捷和自主，传统课堂教学的信息垄断地位受到冲击；同时，学生的学习习惯和认知方式也在新媒体的影响下发生改变，他们更倾向于通过数字化平台获取生动形象、丰富多样的学习资源。

（二）多元视角下网络道德教育内容的丰富与深化

新媒体时代的显著特征之一在于信息传播的便捷高效，而手机终端作为人们日常生活中须臾不可离的工具，已然成为信息传播的核心载体。教育者与受教育者借助微博、微信、QQ等网络社交平台，以及抖音、快手、哔哩哔哩等视频创作发布平台，实现了课程及相关信息的快速发布与知识的便捷获取。这些平台不仅拓展了信息传播的渠道，还支持文字、语音、图片、视频等多元交流方式。教育者可以依据不同的教育内容和目标，灵活选择合适的传播与学习形式。例如，通过文字发布条理清晰的学习资料，利用语音进行实时的重点讲解，借助图片和视频直观展示复杂的案例。这种多元化的信息传播方式，从根本上提升了教育过程中的传播效率和质量。它使教育内容能够跨越时间和空间的障碍，更加及时、准确地传达给学生。同时，多样化的呈现形式也符合学生在新媒体环境下的认知习惯，有助于增强学生对教育内容的理解和记忆，提高学习效果。新媒体技术的蓬勃发展为高校网络道德教育提供了强大的技术支撑和丰富的资源保障。虚拟现实（VR）、增强现实（AR）、人工智能（AI）等前沿技术工具，为教育创新带来了无限可能。以虚拟现实技术为例，通过创建高度仿真的网络道德教育场景，学生能够身临其境地感受网络不文明行为所带来的危害，如网络暴力场景中受害者的心理压力和现实困境。

第二节　网络道德教育的成功案例

一、案例一：王某网络"裸聊"陷阱事件

（一）案例背景：网络道德与现实道德的关联及大学生网络道德要求

网络道德作为网络时代的特殊产物，与现实道德既存在紧密联系，但又有着显著区别。从本质上来说，二者均依赖个人信念、社会舆论以及风俗习惯等多维度因素对个体行为进行约束。现实道德历经漫长的社会发展沉淀，形成了一套相对稳定且广泛认可的行为准则体系，而网络道德则是在网络虚拟环境下应运而生，是适应网络空间独特性质的道德规范。

网络道德相较于现实道德，具有隐蔽性更强、覆盖面更广以及更难以掌控的特性。网络的虚拟性使得个体在网络中的不良行为不易被直接察觉，增加了道德监督的难度；其无边界性又使得网络行为的影响范围迅速扩大，波及不同地区、不同群体。

对于大学生群体而言，在网络日益普及的当下，具备正确的网络道德观念与良好的网络道德自律意识至关重要。大学生作为网络的高频使用者，其网络行为不仅关乎个人形象与素养，更对网络环境的健康发展产生影响。他们需要遵循一系列网络道德规范，例如尊重他人的知识产权、保护个人与他人隐私、避免传播有害信息等，同时要树立强烈的社会道德责任意识，积极营造文明、和谐的网络空间，杜绝出现诸如涉黄、网络暴力等违背社会文明的道德失范行为。

（二）案例简介

王某，一名男性大学生，在网络社交过程中遭遇了一场精心设计的陷阱。他

在QQ空间添加了名为"佳欣"的网友，通过验证后，该网友的行为逐渐从言语挑逗转向更为隐蔽且危险的诱导行为。先是引导王某下载指定的直播软件并观看直播间内容，随后进一步引诱王某与其互开视频，并以各种理由要求王某露脸，最终成功截取了王某面部及裸露隐私部位的视频。

获取视频后，对方随即露出真面目，以"裸聊"视频要挟王某打钱，并催促他通过花呗、贷款公司贷款等方式尽快凑齐剩余款项转账。在巨大的心理压力下，王某开始四处借钱，然而，在向朋友借钱的过程中，他逐渐意识到自己陷入了网络"裸聊"陷阱，经过一番思想斗争后，最终选择电话报警，及时止损。

（三）案例定性分析

1. 外部教育缺位

（1）家庭教育缺位

中国传统的父母教养方式在王某的家庭中有着典型体现。王某父母秉持着"男孩子要独当一面"的观念，认为孩子自己能够处理好个人事务。在日常沟通中，他们仅将关注点集中在王某在校期间的饮食起居等基本生活问题上，对于王某在学习、生活中可能遇到的困惑与挑战缺乏深入交流。受中国传统文化所形成的"心理惯性"影响，性话题在家庭中成为难以直面的禁区，这使王某在成长过程中缺乏正确的性教育引导。在这种家庭环境下，王某认为网络"裸聊"具有隐蔽性，能够满足其在现实生活中未得到满足的好奇心与偷窥心理，从而在缺乏正确判断的情况下，逐步陷入网络行为失范的境地，最终落入他人精心设计的陷阱。

（2）学校教育的缺位

在新媒体时代，新媒体已毋庸置疑地成为人们获取各种信息最为便捷、迅速且重要的平台。大学生作为社会中思维活跃、对新事物接受能力强的群体，是新媒体信息的主要接收者和传播者，新媒体对他们的价值观、行为方式等方面均会产生日益深远的影响。这一现实情况对辅导员的网络思想政治教育能力提出了全新且更高的要求。然而，目前辅导员开展网络思想政治教育工作的深度尚未达到实际工作的需求。在对大学生网络素养的引导方面，仍处于初步探索阶段，尚未形成系统、有效的教育模式。网络环境的复杂性衍生出一系列问题，如网络成瘾、网络道德失范、网络犯罪、网恋、网络安全、网络暴力以及网络心理问题等，这些问题已经在不同程度上干扰了大学生的正常学习和生活，还影响了他们的思想和行为发展。

2. 个人特质缺陷

（1）性格原因

王某性格较为内向，从其前女友的评价中可以看出，他虽然在生活中给人独立自强的表象，但在情感方面却表现出依赖、敏感、猜忌的特质，并且在处理情感问题时方式过于简单，常对交往对象的人际交往范围进行过度约束。与前女友分手后，王某情感上陷入空虚状态，由于性格原因，他不愿将内心的烦恼向舍友、朋友等倾诉，导致情感无处宣泄。在这种心理状态下，单纯的王某将"裸体聊天"错误地视为一种情感代偿行为，在未经过深思熟虑的情况下，便不假思索地按照对方要求行事，从而一步步陷入对方精心设置的陷阱之中。

（2）兴趣爱好少

辅导员通过日常观察发现，王某对手机存在强烈的依赖，除上课时间外，手机几乎不离手。由于王某是高职学生，所学专业的课业压力相对较小，且他未参加任何社团活动，导致课余时间较为充裕。同时，王某对自身缺乏明确的目标规划和要求，既不愿意花费时间考取相关资格证书，也没有积极准备专升本考试以提升学历，大量的空闲时间都在网络中虚度。在学校日常开展的学业及职业生涯规划指导工作中，王某参与度较低，未能充分利用学校提供的资源来规划自己的未来职业发展。这种对自身发展的忽视以及过度沉迷网络的行为，不仅影响了他的个人成长，也使其在面对网络诱惑时缺乏足够的抵抗力。

（四）解决方法

1. 联系舍友

辅导员敏锐地意识到王某舍友在其心理恢复过程中的重要作用，因此积极与王某舍友进行沟通。辅导员向他们提出了两项重要任务：其一，要求舍友们以理解和包容的态度对待王某的遭遇，坚决杜绝嘲笑或在学生群体中传播此事，以免给王某带来更大的心理压力，进一步加重他的心理创伤；其二，希望舍友们密切关注王某的日常行为举止和活动轨迹，给予他更多的陪伴和安慰，帮助他尽快走出心理阴影。一旦发现王某有任何异常行为，舍友们需立即向辅导员报告，以便及时采取措施进行干预。

2. 及时向学院领导汇报

在陪同王某报案之前，辅导员秉持着对事件负责的态度，已就该事件向所在学院的院长做了简要汇报，使学院领导对事件的大致情况有所了解。报案后，辅导员又将整个事件的详细经过以及后续处理情况向院长进行了全面、深入地说明。院长高度重视此事，就如何对王某进行专业的心理辅导以及开展相关主题教育提出了诸多具有建设性的意见和指导性建议。同时，辅导员还及时向学生处、校心理健康咨询中心汇报情况，积极寻求学校各部门的支持与帮助。通过与各部门的紧密协作，辅导员不仅获得了学校全方位的支持，还得到了专业心理咨询技术的指导，为后续心理辅导工作的顺利开展提供了有力保障。

3. 积极与家长联系

辅导员依据《班情手册》中王某登记的父母联系方式，迅速与王某母亲取得联系。在电话沟通中，辅导员详细、客观地向王某母亲说明了事件的来龙去脉，使家长对孩子所遭遇的事情有了清晰地认识。通过与王某母亲的交流，辅导员也对王某的家庭背景和成长经历有了更深入地了解。据王某母亲介绍，王某作为家中长子，平时与父母沟通较少，且性格内敛，不轻易向家人吐露内心想法。由于父母忙于生计，在王某成长过程中，缺乏足够的时间陪伴和关注，父母既对孩子成长过程中面临的困惑和诱惑未能及时察觉，也缺乏正确有效的引导。针对这一情况，辅导员在电话中尽力安抚王某母亲的情绪，同时诚恳地建议她在今后的生活中要多与王某进行沟通交流，主动了解孩子在生活、学习及成长过程中的困惑与烦恼。此外，辅导员还希望王某母亲能与自己保持密切联系，形成学校与家庭的教育合力，共同助力王某的健康成长。

4. 开展网络素养教育系列主题班会

为了提高班级学生的网络素养，增强他们对网络陷阱的防范意识，辅导员通过查阅大量相关资料，精心策划并组织了三次网络素养教育系列主题班会。

第一次主题班会，辅导员依据《中华人民共和国刑法》和《中华人民共和国民法典》中的相关法律条文以及《文明上网自律公约》的规定，从信息传递责任与网络道德自律两个核心方面展开深入讲解。在信息传递责任方面，辅导员引导同学们思考在网络信息传播过程中，每个人应当承担的道德义务和法律责任，强调发布信息要真实、准确、合法，避免传播不实信息和有害内容，应为网络社会提供有价值且正向的信息资源。在网络道德自律方面，要求同学们在网络交往等活动中，严格遵守网络规范，尊重他人隐私，不侵犯他人知识产权，不破坏或盗取他人成果，树立正确的网络道德观念。

第二次主题班会，辅导员结合学校当年 11 月开展的网络安全知识宣讲中的实际案例，以及各种新型网络诈骗案例进行详细讲解。通过剖析这些案例，分析网络诈骗的常见手段和特点，引导同学们提高警惕，增强安全防范意识。同时，为了构建全方位的网络安全防护体系，辅导员组织建立了舍长—安全信息员—班委—辅导员四级安全预警机制。该机制明确了各级人员的职责和信息传递流程，确保能够及时发现并处理可能出现的网络安全问题，将潜在的风险扼杀在萌芽状态。

第三次主题班会，聚焦于社会化教育。辅导员指出，在网络日益普及的今天，许多同学过度沉迷网络，导致人际关系淡漠，而将大量时间花费在打游戏、刷剧、逛淘宝等活动上，严重影响了个人的学习和生活。作为新时代的大学生，应当勇敢地面对现实社会中存在的问题，积极主动地参与社会实践活动，在现实生活中锻炼自己、成就自我、实现个人价值，为社会发展贡献自己的力量。

5. 开展网络谈心专项工作

辅导员充分利用 QQ、微信等网络社交工具，积极开展与班级所有同学之间的谈心谈话活动。在谈心过程中，辅导员详细了解同学们课外活动的时间安排、兴趣爱好、生活中的烦恼、情感上的困惑以及宿舍氛围等多方面情况，并认真做好相关记录。通过这种方式，辅导员为每个学生建立了一份个性化的成长档案，全面掌握学生的综合情况。借助网络平台的便捷性，辅导员能够密切与每一位学生的联系，及时发现学生在学习、生活中出现的各种问题。针对这些问题，辅导员进行细致分类，并根据不同问题的特点和学生的个性差异，采取切实有效的措施予以解决。同时，对于重点关注的学生，辅导员形成持续追踪机制，不定期地了解其现状，确保学生的问题得到妥善解决，真正做到以关爱学生为出发点，以教育引导学生为落脚点，践行"以大爱育人"的教育理念。

（五）经验与启示

1. 从"外行生手"走向"内行能手"，提升辅导员职业能力

在新媒体时代背景下，辅导员作为学生思想政治教育工作的一线工作者，需要不断提升自身的媒介素养，以适应新闻媒体和舆论生态的快速变化。媒介素养

的提升不仅要求辅导员熟悉网络媒体的运行规律和特点,还需要其具备运用媒体开展工作的能力。辅导员应善于运用媒体宣讲党的政策主张,将社会主义核心价值观以生动、易懂的方式传递给学生,使其内化于心、外化于行。同时,要通过媒体及时了解学生的所思所想,关注学生的思想动态和行为变化,敏锐地发现潜在的矛盾问题,并运用恰当的方法引导学生的不良情绪,维护校园的和谐稳定。此外,辅导员还需更新工作理念,坚持以学生需求为本。深入了解学生群体的特殊需求,结合学校实际情况,设计科学合理的机制,鼓励学生积极有序参与学校治理和校园管理中,为学生创造全方位、高质量的校园生活体验,切实提升辅导员的职业能力和工作水平。

2. 加强对高校男生的关注度,努力成为其知心朋友

在高校教育环境中,男生与女生在语言表达、情感意志表达以及对事物的常规认知等方面存在较为明显的差异。受中国传统教育思维和观念的影响,男大学生进入大学后,常常被辅导员等高校教师贴上"独立、无须操心、成熟稳重"的标签。然而,这一群体实际上也有着丰富的内心世界和情感需求,他们往往习惯性地隐藏自己的情感,遇到问题时更倾向于独自承受。相关研究表明,在高校辅导员的日常工作中,存在对班级女生情绪、压力关注过多,而对男生关注度相对不足的现象。为了改变这一现状,辅导员在日常工作中应更加注重对男生学业、情感等方面的问题。

3. 定期与学生家长联系,发挥家校育人的合力

在大学教育阶段,辅导员与学生家长之间的联系往往不够紧密,这导致辅导员对学生的家庭背景、成长经历等方面了解有限。然而,不同的家庭背景、成长经历、性别以及父母教育子女的方式等多种因素,都会对学生的性格、价值观和行为方式产生深远影响。因此,加强与学生家长的联系具有重要的现实意义。通过与学生家长建立定期沟通机制,辅导员能够更全面、深入地了解学生的成长环境和个性特点,将学生在学校的表现与家庭背景相结合,在与学生进行一对一谈心谈话时,能够更有针对性地进行沟通和引导。同时,辅导员还可以指导学生家长掌握科学的教育方法,加强与学生的有效沟通,使家庭教育与学校教育形成互补,真正实现家校育人的合力,共同促进学生的身心健康和全面发展。

二、案例二：大学生网络安全风险警示案例

（一）案例背景

在当今数字化时代，信息如洪流般在全球范围内迅速传播，互联网技术以前所未有的深度与广度融入人们生活的各个层面。网络金融、购物、社交等平台如繁星般涌现，深刻地变革了人们传统的生活方式与社交模式。

网络金融的发展，使得人们能够便捷地进行线上支付、投资理财等活动，打破了时间和空间的限制，让资金的流转变得更加迅速和高效。网络购物平台则为消费者提供了琳琅满目的商品，只需轻点鼠标或滑动屏幕，就能轻松买到来自世界各地的商品，极大地满足了人们多样化的消费需求。而社交平台的兴起，更是重塑了人际交往的格局，使人们可以跨越地域界限，随时随地与他人建立联系、分享生活。

大学生作为互联网的深度用户群体，展现出鲜明的时代特征。他们思维活跃，对新事物充满好奇与探索欲望，乐于接受并迅速适应互联网带来的各种变化。在日常生活中，大学生对网络平台的依赖程度日益加深，网络不仅成为他们获取知识、交流思想的重要工具，更是他们社交娱乐的主要平台。然而，硬币总有正反两面。大学生由于涉世未深，社会阅历相对匮乏，在面对复杂多变的网络环境时，风险防范意识相对薄弱。他们往往容易被网络表面的繁华所吸引，而忽视了其中潜藏的风险。网络诈骗作为网络环境中的一颗毒瘤，其手段层出不穷，花样翻新。不法分子利用大学生的心理特点和认知弱点，精心设计各种骗局。其中，利用社交平台进行诈骗的案例呈现出日益增多的趋势，这不仅严重威胁着大学生的财产安全，还可能对他们的身心健康造成负面影响，成为亟待解决的社会问题。

（二）案例简介

某高校的大二学生小张，正处于充满活力与好奇心的年纪，对新鲜事物有着强烈的探索欲望。在课余生活中，他热衷于在各类社交平台结交新朋友，渴望通过拓展社交圈子来丰富自己的大学生活。

在一个热门社交平台上，小张偶然结识了一名自称"晓妍"的女性用户。"晓妍"的社交账号资料精心打造，给人一种年轻时尚、生活丰富多彩的印象。

她发布的动态中，满是各种令人羡慕的旅游美照，照片中的她身处世界各地的名胜古迹，笑容灿烂；还有精致的生活场景，从温馨的家居布置到美味的餐食展示，无一不吸引着小张的目光。这些精心营造的内容，如同磁石一般深深吸引了小张，使他对"晓妍"产生了浓厚的兴趣。

双方互加好友后，交流逐渐频繁起来。"晓妍"展现出极高的社交技巧，十分健谈，还总能敏锐地捕捉到与小张兴趣相投的话题。无论是当下热门的电影、流行的音乐，还是校园生活中的点点滴滴，她都能与小张聊得热火朝天。在交流过程中，"晓妍"善于运用细腻的情感表达来作出积极地回应，让小张感受到被理解和关注，从而逐渐建立起一种亲密的交流氛围。

随着时间的推移，两人的交流愈加深入，彼此之间的信任关系也在悄然建立。小张逐渐将"晓妍"视为自己在网络世界中的知心好友，对她的话语深信不疑。

一段时间后，"晓妍"开始向小张倾诉自己遇到的棘手困难。她以一种焦急且无助的口吻向小张讲述，自己的闺蜜突发急重病，情况十分危急，急需一大笔手术费来挽救生命。她声称自己已经尽了最大努力，向周围的朋友借了一圈，但距离所需的费用仍有较大缺口。言辞之间，充满了无奈和焦急，同时夹杂着对闺蜜病情的担忧。她言辞恳切地请求小张帮忙，强调只是暂时周转，承诺等事情解决后马上还钱，并再三表达了对小张的信任和依赖。

小张生性善良，内心充满了同情心。经过这段时间与"晓妍"的深入交流，他对"晓妍"的信任已经根深蒂固。面对"晓妍"看似紧急且真实的求助，小张没有多想，毫不犹豫地答应了她的请求。

小张先后分三次通过网络转账借给"晓妍"共计5000元。每次转账后，"晓妍"都会对小张表达无尽的感激之情，不仅言语上感恩戴德，还信誓旦旦地保证会尽早还款，让小张觉得自己的帮助是有价值且被重视的。

然而，就在小张最后一次转账后的第三天，情况急转直下。"晓妍"突然不再回复他的任何消息。起初，小张并未过多在意，心想她可能是忙于在医院照顾生病的闺蜜，无暇顾及其他事情。但随着时间一天天过去，小张发现事情愈加不对劲。他不仅无法联系上"晓妍"，而且她的社交账号也出现了异常状态。头像、昵称全部更改，之前发布的那些吸引人的内容也被大量删除，仿佛一夜之间，"晓妍"从网络世界中消失得无影无踪。至此，小张才如梦初醒，意识到自己可能陷入了一场精心策划的网络诈骗陷阱。

（三）案例定性分析

从犯罪学角度深入剖析，此案例无疑属于典型的网络社交诈骗。犯罪者（"晓妍"）通过一系列精心设计的手段，利用社交平台的特点和功能，精心打造虚假人设。在网络这个虚拟空间中，"晓妍"通过筛选和发布特定的照片、文字等信息，塑造出一个符合大众审美和期待的形象，以此吸引受害者的关注。这种虚假人设的构建并非一蹴而就，而是经过长时间的策划和经营。

在与受害者（小张）建立联系后，犯罪者通过长时间的情感交流和虚假信息传递，逐步与小张建立起信任关系。这一过程是诈骗行为的前期铺垫，至关重要。"晓妍"利用小张渴望社交、渴望被理解的心理，通过积极回应、分享生活点滴等方式，让小张感受到一种真实而亲密的友谊。在这个过程中，"晓妍"巧妙地隐藏自己的真实目的，逐渐消除小张的警惕心理。

在取得信任后，犯罪者编造看似合理的紧急情况，以此作为诱饵，向受害者提出借款请求，这成为整个诈骗行为的核心环节。"晓妍"编造的闺蜜突发重病急需手术费的故事，巧妙地触动了小张善良和乐于助人的内心。这种紧急情况的设定，让小张在情感上产生强烈的共鸣，从而在没有充分思考和辨别的情况下，轻易地答应了借款请求。犯罪者精准地把握了大学生善良、单纯以及对朋友信任的心理特点，成功地实施了诈骗行为，骗取了受害者的钱财。

从法律层面进行严谨分析，这种以非法占有为目的，通过虚构事实、隐瞒真相的方法，骗取他人财物的行为，完全符合诈骗罪的构成条件。犯罪者通过网络手段实施诈骗，突破了传统诈骗的时空限制。在传统诈骗中，犯罪者与受害者往往需要在一定的物理空间内进行面对面的接触，而网络诈骗则打破了这种限制，使得犯罪者可以在任何时间、任何地点对受害者实施诈骗行为。这种时空的跨越性，不仅增加了案件侦破的难度，也使得受害者在维权过程中面临诸多复杂问题。例如，犯罪嫌疑人可能身处不同地区甚至不同国家，由于调查取证、追捕犯罪嫌疑人以及追回被骗财物都需要涉及多个地区的司法协作，这无疑大大增加了案件处理的复杂性和难度。

（四）解决方法

小张发现被骗后，应当立即采取一系列科学、有效的措施，以最大限度地减少损失并维护自身合法权益。

第一,时间就是生命,在发现被骗的第一时间,小张要向学校保卫处和当地公安机关报案。学校保卫处作为校园安全的守护者,对校园内及周边的治安情况较为熟悉,能够及时介入并提供初步的协助和指导。而当地公安机关则拥有专业的刑侦力量和技术手段,也具备丰富的办案经验。小张在报案时,要详细、准确地提供与"晓妍"的聊天记录、转账记录等相关证据。这些证据是案件侦破的关键线索,聊天记录可以反映出犯罪嫌疑人与小张的交流过程、诈骗手段和心理策略;转账记录则能够清晰地显示资金的流向和被诈骗的金额,为警方追踪犯罪嫌疑人的资金轨迹提供重要依据。公安机关在接到报案后,会迅速启动侦查程序,利用先进的技术手段,如网络监控、数据分析、资金追踪等,追踪犯罪嫌疑人的踪迹。他们会通过对网络数据的深度挖掘和分析,查找犯罪嫌疑人在网络世界中的活动轨迹,争取尽快锁定犯罪嫌疑人的身份和位置,从而提高破案的成功率,并尽力追回被骗财物。

第二,小张还需积极主动地联系自己转账的网络支付平台。网络支付平台在保障用户资金安全方面承担着重要责任,并且拥有一定的风险防控和资金冻结机制。小张向平台客服说明详细情况后,平台会根据相关规定和流程,协助冻结与诈骗交易相关的账户或采取其他必要措施,防止犯罪嫌疑人进一步转移资金。这一举措能够在一定程度上减少小张的经济损失,为后续的追赃挽损工作争取有利条件。此外,在整个过程中,小张要保持冷静和理智。过度的焦虑和恐慌不仅无助于解决问题,反而可能使他陷入更加危险的境地,再次成为其他诈骗分子的目标。小张要坚信警方和相关部门有能力处理好这起案件,并积极配合警方和相关部门的工作。在后续过程中,及时关注案件的进展情况,按照警方的要求提供必要的协助和信息,为案件的顺利侦破贡献自己的力量。

(五)经验与启示

这起案例犹如一记沉重的警钟,为大学生群体敲响了网络安全的重要警示,带来了多方面深刻且具有深远意义的经验与启示。

对于大学生而言,增强自我保护意识和风险防范意识是在网络世界中安全前行的首要准则。在网络社交这个虚拟且复杂的环境中,大学生务必时刻保持清醒的头脑,不被表象所迷惑。网络的虚拟性使得人们难以直接判断对方的真实身份和意图,因此不轻易相信陌生人是至关重要的。尤其是当涉及金钱和个人重要隐私信息的问题时,更要提高警惕,坚守底线。面对陌生人的求助,不能仅凭一时的同情心或义气就盲目行动。要通过多种渠道核实对方身份和所遭遇情况的真实性,例如向共同好友求证、查看更多社交信息等。切勿盲目转账,以免遭受不必要的经济损失。同时,大学生要努力提高对网络信息的辨别能力,学会识别虚假信息和各种诈骗手段。这需要大学生不断学习和积累网络安全知识,了解常见的诈骗套路,培养批判性思维,不被网络上看似诱人的信息所误导。

从学校教育层面来看,高校肩负着培养学生全面发展的重要使命,加强对学生的网络安全教育更是其中不可或缺的一环。高校应通过开展形式多样、内容丰富的教育活动,向学生普及网络诈骗的常见类型、手段及防范方法,全面提高学生的网络安全素养。专题讲座是一种直观且有效的教育方式,可以邀请专业的网络安全专家或公安干警,结合实际案例,深入浅出地讲解网络诈骗的相关知识,让学生了解诈骗分子的作案手法和心理策略,增强防范意识。课程教学则可以将网络安全教育纳入正式的课程体系,系统地传授网络安全知识和技能,培养学生的网络安全意识和法律意识。案例分析也是一种生动且实用的教学方法,通过剖析真实发生的网络诈骗案例,引导学生深入思考,分析案例中的诈骗手段和防范要点,提高学生应对实际问题的能力。此外,学校还可以建立健全预警机制,利用校园广播、公告栏、班级群等多种渠道,及时向学生发布网络诈骗的预警信息,提醒学生注意防范。通过定期开展网络安全演练,模拟网络诈骗场景,让学生在实践中提高应对诈骗的能力。

从社会层面而言,网络安全是一个系统性工程,需要全社会的共同努力。相关部门应加大对网络社交平台的监管力度,制定严格的法律法规和行业标准,规范平台运营。提高平台的审核标准,加强对用户身份信息的核实,从源头上减少虚假用户、账号和诈骗行为的发生。建立健全网络安全监测和预警机制,及时发现和处理网络安全隐患。严厉打击网络诈骗等违法犯罪行为,加大对这类犯罪分子的惩处力度,形成强大的法律威慑力。同时,媒体应充分发挥舆论引导和监督作用,加大对网络诈骗案例的宣传报道力度。通过深度报道、专题节目等形式,向公众普及网络诈骗的危害和防范方法,提高公众对网络诈骗的认知度和防范意识。

第五章 大学生网络道德教育的内容与形式

第一节 网络道德教育的主要内容

一、大学生网络道德意识教育

（一）网络道德意识培育的基础认知

道德，作为一个内涵丰富且外延广阔的领域，始终是哲学、社会学、伦理学等多学科深入探究的核心议题。从哲学层面审视，道德是人类对自身行为规范与价值取向的深度思考与凝练，它承载着人类社会对于公平、正义、善良等崇高价值的不懈追求。在社会学语境中，道德是维系社会秩序、促进社会和谐发展的关键纽带。

想要塑造人们优良的道德素养，绝非一朝一夕之功，而是一项系统且复杂的工程。其中，促使人们深入洞悉并精准把握道德的基本准则、规范以及义务，是这一工程的逻辑起点与核心任务。道德并非自然天成，它是人类在漫长的历史发展进程中，通过深度灌输、精心教育与悉心培育逐步形成的。这一过程涉及家庭、学校、社会等多元主体，以及文化传承、社会舆论、榜样示范等多种方式。在网络时代，这一规律在网络道德教育领域同样具有不可忽视的重要性。网络的迅猛发展，深刻改变了人们的生活方式与交往模式，网络道德便应运而生。网络道德作为传统道德在网络空间的延伸与拓展，既继承了传统道德的基本精神与价值取向，又因网络空间的独特性而具有新的内涵与特征。

（二）大学生在网络世界的道德责任与意识构建

网络世界已然发展成为一个庞大且复杂的虚拟社会，其虚拟性、开放性、交互性等特征，既为人们提供了广阔的交流与发展空间，也带来了诸多道德挑战。大学生作为网络世界中的活跃群体，以其对新技术的敏锐感知和积极参与，宛如国际网络公民，在网络社会中扮演着重要角色。在这片虚拟天地中，大学生不仅需要遵循现实社会的法律法规，这是维护社会秩序和公平正义的基本要求，也是其作为公民的法定义务；更要恪守网络空间特有的共同规则。这些规则是基于网络社会的运行规律和价值需求而形成的，旨在保障网络空间健康、有序的发展。大学生只有努力成为恪守网络道德的典范，才能充分发挥网络的积极作用，实现自身的全面发展。而牢固树立网络道德意识，是达成这一目标的基石。网络道德犹如网络社会正常运转不可或缺的人际关系调节器，它通过规范人们在网络空间的行为，协调不同主体之间的利益关系，于无形中化解潜在的矛盾冲突，从而保障网络社会的和谐稳定。特定的网络道德规范，紧密映射着个体自身的利益诉求与发展需要。在网络时代，个体的发展高度依赖于网络环境，遵循网络道德规范能够为个人创造一个安全、健康、有益的网络空间，有助于个人安心获取知识、拓展人脉、实现自我价值。同时，这些规范也是每一位网民在网络社会安身立命的根本准则，它引导着网民的行为方向，确保他们在纷繁复杂的网络世界中坚守道德底线，不会迷失自我。

（三）大学生网络道德修养的关键维度

大学生在网络道德修养过程中，需审慎处理多方面的关系，其中目的与手段的正当性以及大节与小节的辩证关系尤为关键。

在网络社会这一复杂生态中，目的与手段皆应契合正当性原则。从伦理学的角度看，目的的正当性是指其符合社会公认的道德价值和公共利益，而手段的正当性则要求其合法、合理、公正且不损害他人权益。绝不能以目的的合理性来为不正当手段开脱，这种错误观念在网络道德领域可能导致严重后果。道德行为与不道德行为之间存在着本质区别和鲜明界限，这是不容混淆的原则性问题。道德的严肃性与权威性要求每一位网络参与者在行为选择时，都要秉持公正、合法、诚信的价值取向，确保目的与手段的双重正当性。

正确处理大节与小节的关系亦是网络道德修养的重要维度。在网络社会中，"小节无关紧要"的论调是片面且有害的。事实上，小节与大节并非泾渭分明，而是相对存在且相互依存、相互转化的。在日常网络行为中，看似微不足道的小节，往往蕴含着道德的大原则。"勿以善小而不为，勿以恶小而为之"这一古老而深邃的道德训诫，在网络时代依然具有重要的指导意义。每一次善意的网络互动、每一个真实信息的传递，都是对网络道德大厦的添砖加瓦；而每一次恶意的谣言传播、每一回对他人权益的微小侵犯，都可能成为破坏网络道德生态的潜在隐患。大学生应当时刻铭记这一点，从细微之处做起，从而不断提升自身的网络道德修养。

二、大学生网络文明礼仪教育

（一）网络礼仪的概念溯源与构成要素

"网络礼仪"这一概念，源于英语"netiquette"，是"网络"（network）与"礼仪"（etiquette）的有机融合，它作为网络时代人际交往规则的全新表达，具有独特的内涵与外延。在信息时代的浪潮下，网络已深度融入人们的生活，成为人际交往的重要平台，网络礼仪也应运而生，以规范人们在虚拟空间中的互动行为。

从当下网络社交的实际情况来看，网络礼仪包含多个关键组成部分。其中，问候礼仪是大学生在网络社交起始阶段必须遵循的规范。网络作为一个跨越时空的虚拟空间，打破了传统社交在时间和空间上的限制，但这并不意味着交流可以毫无规矩。问候与称呼对方的方式蕴含着特定的文化内涵与社交规则。不同的文化背景、社交场景以及交流对象，都要求大学生在开启网络交流时，能够精准地表达与对方交流的意愿，并选择恰当的问候语和称呼方式。学习网上问候礼仪，如同踏上大学生网民行为礼仪的初级阶梯，是构建良好网络人际关系的基石。得体的问候能够在瞬间传递尊重、友好与真诚，为后续的交流营造和谐融洽的氛围，使交流得以顺利展开。

语言礼仪同样至关重要，它规范着大学生在网络社交中的语言表达。尽管网络是虚拟空间，但语言始终是传递思想、表达情感的核心媒介。在网络交流中，语言的选择、措辞的精准度以及对语气的把握，都对交流效果和人际关系质量产生深远影响。网络语言礼仪要求大学生在表达观点时，既要遵循基本的语言规范，确保信息准确传达，又要充分考虑网络交流的特点，避免使用不当、冒犯性的语言。恰当的语言运用不仅能清晰地传递信息，更能展现个人的修养与态度，成为构建良好网络形象的关键因素。例如,在正式的学术交流群中,应使用严谨、规范的语言表达观点;而在与朋友的日常聊天中,语言则可以更加轻松、活泼,但依然要避免低俗、不文明的词汇。

(二)网络交往方式礼仪的多样性与重要性

随着网络技术的飞速发展,网络交往方式日益多样化,这也促使交往中的礼仪成为网络礼仪的重要组成部分。每种交往方式都伴随着相应的礼仪要求,这些要求旨在确保网络交流的有序性与高效性。以众多网络平台明确的"发信者要写明信件主题"这一规则为例,其背后蕴含着提高信息传递效率、尊重他人时间与注意力的深层意义。在信息爆炸的时代,人们每天接收大量的网络信息,一个明确的信件主题能够让接收者迅速了解信件的大致内容,判断其重要性和紧急程度,从而准确、及时地处理信息。这一简单的规则避免了因信息混乱而造成的误解与困扰,保障了网络交流的顺畅进行。又如在即时通信工具的使用中,回复的及时性也是一种重要的社交礼仪。当对方发送消息后,及时给予回应是对对方的尊重,体现了自己对交流的重视。若长时间不回复,可能会让对方感到被忽视,影响彼此的关系。再如在网络群组中,发布内容时要注意话题的相关性,避免发送与主题无关的信息,以免干扰群内的正常交流秩序。这些看似琐碎的规则,实则是网络交往顺利进行的保障,它们共同构成了网络交往方式礼仪的丰富内涵。

(三)网络礼仪的特点及其对大学生的要求

在网络环境中,人们更多地依赖文字、符号等虚拟元素来传递情感与意图。例如,通过表情包、特定的网络用语等方式来表达喜怒哀乐,这种虚拟的表达方式为网络交流增添了独特的魅力,但也需要注意其使用的恰当性,以免造成误解。

网络礼仪的强制性较弱,这意味着网络礼仪的遵守更多地依赖于网民的自觉意识与道德自律,而非外在的强制约束。在网络空间中,没有明确的执法机构来监督人们是否要遵守网络礼仪,因此网民自身的道德修养和自律能力就显得尤为重要。大学生作为网络时代的主力军,应当自觉培养良好的网络礼仪习惯,以道德准则来规范自己的网络行为。

普遍性也是网络礼仪的重要特点,它跨越地域、文化与社会背景的差异,成为全球网民共同遵循的行为准则。无论身处何地,何种文化背景,人们在网络交流中都需要遵循一定的基本礼仪规范，以实现有效的沟通与交流。

网络礼仪无疑是衡量网民行为文明程度的重要标志与尺度。倘若一名大学生连这些基本的网络礼仪要求都无法践行，那么很难想象他能够遵循更为严格、更高层次的网络道德标准。从传统的面对面直接交流，到电话沟通的间接交流，再到如今蓬勃发展的网络交流，人类交往方式的每一次变革都伴随着礼仪规范的更新与完善。大学生作为网络时代的主力军，理应积极适应这一变化，熟练掌握并运用新的网络交往礼仪，以促进网络社会的和谐发展。

三、大学生网络道德规范教育

（一）互联网发展与网络道德的必然联系

互联网自兴起以来，以前所未有的态势蓬勃发展，为人类社会带来了革命性的变革。它所构建的网络空间，赋予人们广阔无垠的自由上网空间以及高度的活动自由度。从时间维度来看，打破了传统信息传播在时间上的限制，信息不再受限于特定的时段进行传递，实现了全天候、即时性的交流；从空间角度而言，它跨越了地域的界限，无论身处世界的哪个角落，只要接入网络，就能轻松地与他人进行信息的交互与共享。这种突破极大地拓展了人们的社交范围，让人们能够结识来自不同文化背景、不同地域的人；同时为学习领域带来了翻天覆地的变化，丰富的在线学习资源使知识获取变得更加便捷。然而，我们必须清晰地认识到，尽管网络活动呈现出虚拟性的外在表象，但它在本质上与现实社会活动紧密相连、一脉相承。网络并非独立于现实社会的孤立存在，而是现实社会在虚拟空间的延伸与拓展。网络中的自由并非毫无边界的放纵，不是可以随心所欲、为所欲为的绝对自由。这种自由是建立在理性基础之上的有序自由，是在遵循一定规则和道德约束下的自由。这就迫切要求网络参与者具备强烈且深刻的道德意识。网络虽然具有匿名性和数字化的交往形式，但这绝不能成为某些人肆意制造信息垃圾、实施信息欺诈等不道德行为的借口。网络空间是一个公共领域，每个人的行为都会对整个网络环境产生影响。任何违背网络道德的行为，都不仅是个人的错误选择，而是对整个网络生态的破坏。这种行为必将受到社会舆论的严厉谴责，甚至受到法律的制裁，因为社会舆论作为一种强大的监督力量，代表着公众对道德行为的期望和对不道德行为的批判。

（二）网络问题对大学生网络生活的挑战及恪守道德规范的必要性

在当前网络信息爆炸的时代，网络环境变得愈加复杂多样，形形色色的网络问题如潮水般层出不穷。随着信息技术的飞速发展，网络的普及程度越来越高，各种信息以海量的形式涌入人们的视野。在这个过程中，虚假信息、网络暴力、侵犯隐私、恶意软件攻击等问题不断涌现，给大学生的网络生活带来了诸多严峻的挑战。

大学生作为网络的高频使用者，热衷于网络冲浪，在享受网络带来的便捷与丰富资源的同时，也不可避免地会受到这些网络问题的影响。虚假信息的传播容易使大学生在获取知识和信息时产生困惑，难以辨别真伪，从而可能导致错误的认知和决策；网络暴力则可能对大学生的心理造成伤害，影响他们的身心健康和正常的学习生活；侵犯隐私行为让大学生的个人隐私和信息安全受到威胁，增加了个人隐私和信息泄露的风险；恶意软件攻击可能破坏大学生的电子设备，导致重要数据丢失或被篡改。

面对这一复杂且充满挑战的局面，大学生们必须时刻保持清醒的头脑。网络世界虽然充满诱惑和不确定性，但道德规范是指引他们正确前行的灯塔。严格恪守网络道德规范，以道德准则约束自己的网络行为，对于大学生来说具有极其重要的意义。这不仅关乎他们个人在网络空间中的形象和声誉，更关系到他们能否在网络环境中健康成长、全面发展。只有遵循网络道德规范，大学生才能在网络的海洋中畅游而不迷失方向，才能充分利用网络的优势，学习到更多更新的知识，避免受到不良网络行为的侵害。

（三）当代大学生应遵循的网络道德规范

依据社会主义道德原则的基本要求以及我国网络发展的实际状况，当代大学生应当遵循一系列全面且细致的网络道德规范。

1. 积极利用网络平台为社会和人类的进步贡献力量

在信息时代，网络已经成为社会发展和人类进步的重要推动力量。大学生作为知识与技术的前沿群体，具备较高的文化素养和创新能力，应当充分发挥自身优势，积极投身于利用网络推动社会发展与进步的行列。他们可以借助网络平台传播正能量，还可以通过发布积极向上、富有教育意义的内容，引导正确的价值取向，激发社会的正能量氛围。例如，分享自己的学习经验、科研成果，为其他同学提供学习借鉴；传播优秀的文化艺术作品，丰富人们的精神世界。同时，大学生还应分享有益信息，如关于科技创新、社会公益等方面的信息，促进信息的流通与共享，推动社会各个领域的发展。然而，必须坚决杜绝利用计算机技术对他人造成伤害。恶意软件攻击是一种严重的网络侵害行为，攻击者通过编写恶意软件并传播，入侵他人的计算机系统，窃取个人信息、破坏数据，给受害者带来巨大的损失。网络暴力同样不可取，它通过网络平台对他人进行言语攻击、诋毁、骚扰等，严重影响他人的身心健康和正常生活。这些行为不仅严重违背了网络道德，更损害了社会的公共利益，违背了大学生应有的社会责任。

2. 确保网上行为的诚实守信

网络的开放性和便捷性使得信息传播速度极快、范围极广，一条信息可以在瞬间传遍全球。在这种情况下，信息的真实性就显得尤为关键。

大学生作为网络信息的重要传播者和使用者，应当秉持诚信原则，将诚实守信作为自己在网络世界中的行为准则。不发布虚假信息，既是对网络受众的基本尊重，也是维护网络信息生态平衡的必要举措。虚假信息往往会误导公众，使人们基于错误的信息做出决策，从而造成不必要的损失。例如，在网络购物、求职招聘等场景中，虚假信息可能导致消费者权益受损、求职者错失机会。

不传播未经证实的谣言同样重要。谣言在网络上的传播具有极强的破坏力，它不仅会扰乱网络秩序，引发社会恐慌，还可能对个人、组织乃至整个社会造成严重的负面影响。一些谣言可能会损害他人的名誉和声誉，导致他人在精神和经济上遭受损失；一些涉及社会公共事件的谣言，可能会干扰正常的社会秩序，影响政府的公信力。只有坚守诚实守信的底线，大学生才能在网络空间中树立良好的个人形象，赢得他人的信任和尊重，同时为维护网络空间的信任环境，促进网络社会的健康发展贡献自己的力量。

3. 高度尊重包括版权和专利在内的知识产权

在知识经济时代，知识产权已经成为创新与发展的核心动力。随着科技的飞速发展和知识创新的不断推进，知识产权在经济、文化等各个领域的重要性日益凸显。知识产权涵盖了版权、专利、商标等多个方面，它是对创作者智力成果的尊重和法律保护，激励着人们不断进行创新和创作。

大学生在网络学习与交流过程中，应当充分认识到知识产权的重要性，高度尊重他人的智力成果。不未经授权使用他人的计算机资源，这是对他人财产权和隐私权的尊重。计算机资源包括硬件设备和软件系统，未经授权的使用可能会侵犯他人的合法权益，干扰他人的正常工作和生活。

抄袭他人的作品是一种严重侵犯版权的行为。在网络环境下，信息的复制和传播变得极为容易，但这并不意味着就可以随意抄袭他人的作品。每一篇作品都凝聚着创作者的心血和智慧，抄袭行为不仅是对创作者权益的侵犯，也是对学术道德和网络道德的践踏。同样，侵犯他人的专利也是不可取的。专利是对发明创造的法律保护，体现了国家对创新技术的鼓励和支持。大学生在进行科研活动和网络交流时，应当尊重他人的专利成果，不进行侵权行为。

保护知识产权不仅是对创作者权益的尊重，更是推动网络文化创新与繁荣的必要条件。只有当创作者的权益得到充分保护，他们才会有动力进行更多的创新和创作，从而为网络文化的发展注入源源不断的活力。一个充满创新和活力的网络文化环境，对于大学生的成长和发展具有积极的促进作用，能够激发他们的创新思维和创造力。

4. 充分尊重他人的隐私

网络的开放性与便捷性在为人们带来便利的同时，也使得个人隐私面临着前所未有的风险。在网络环境下，个人信息的收集、存储、传播变得更加容易，个人隐私泄露的可能性大大增加。例如，在注册各种网络平台账号时，需要填写大量的个人信息；在使用一些网络服务时，设备可能会收集用户的位置信息、浏览记录等。这些信息一旦被人不当获取和利用，就可能导致个人隐私泄露，给用户带来诸多困扰和损失。

大学生应当树立正确的隐私观念，深刻认识到个人隐私的重要性，同时要尊重他人的隐私。不窥探他人的文件内容是基本的道德要求，每个人都有自己的私人空间和个人信息，未经授权窥探他人文件内容是对他人隐私的侵犯。这种行为不仅违背道德规范，还可能触犯法律。

不泄露他人的隐私同样至关重要。在网络交流中，大学生可能会无意间获取到他人的一些隐私信息，如朋友的个人经历、家庭情况等。此时，他们应当严格保守这些秘密，不随意在网络上传播。尊重他人隐私是构建和谐网络人际关系的基础，只有当每个人都尊重他人的隐私，才能赢得他人的信任和尊重，从而建立起良好的网络社交关系。同时，这也是体现个人道德修养的重要方面，反映了一个人对他人权利的尊重和对道德准则的坚守。

5.慎重且负责地使用计算机

在网络时代,计算机已经成为人们生活和工作中不可或缺的一部分,它承载着大量的个人信息和重要数据,也是网络攻击和恶意行为的主要目标。

大学生不应利用计算机干扰他人的正常工作。这包括不通过发送大量垃圾邮件、进行网络攻击等方式损害他人的网络资源,导致他人的工作受到影响。例如,通过分布式拒绝服务攻击(DDoS)等手段,使目标服务器瘫痪,无法正常提供服务,这不仅会给受害者带来经济损失,还会影响正常的网络秩序。

不进行恶意的网络攻击或破坏行为是网络道德的基本要求。恶意的网络攻击可能会导致他人的计算机系统瘫痪、数据丢失,甚至会对整个网络基础设施造成破坏。这种行为不仅损害了他人的利益,也破坏了网络的稳定性和安全性,从而影响了广大网络用户的正常使用。维护网络的稳定性与安全性,是每一位网络参与者的共同责任。大学生作为网络的积极使用者,应当以身作则,遵守网络道德规范,为营造安全、稳定的网络环境贡献自己的力量。

6.科学、理性地选择网络资源

网络资源浩如烟海,涵盖了各种领域和类型的信息。然而,在这海量的信息中,不乏黄色、反动等不良信息。这些不良信息犹如网络世界中的毒瘤,对个人的身心健康和社会的稳定发展都具有极大的危害。

黄色信息可能会腐蚀人们的思想,尤其是对身心尚未完全发育成熟的大学生来说,容易导致他们的价值观扭曲,影响他们的健康成长。反动信息则会传播错误的政治观点和意识形态,破坏社会的和谐稳定,干扰国家的正常发展。

大学生应当具备敏锐的信息辨别能力,学会科学、理性地选择网络资源。这需要他们不断提高自身的道德素养,增强对不良信息的免疫力。在面对纷繁复杂的网络信息时,要保持清醒的头脑,运用所学的知识和理性思维,对信息进行分析和判断。自觉抵制这些有害信息的侵蚀,选择积极、健康、有益的网络资源。例如,关注权威的新闻媒体、学术资源平台、正能量的文化艺术作品等。选择积极健康的网络资源,不仅有助于个人的成长与发展,能够拓宽知识面、提升综合素质,也有利于营造清朗的网络空间,为网络社会的健康发展创造良好的环境。

四、大学生网络法治意识教育

在虚拟的网络世界里,人们的真实身份通常被隐藏,行为不易被直接察觉和监督，这在一定程度上削弱了道德的自我约束力度。道德作为一种依靠社会舆论、传统习俗和个人内心信念来发挥作用的行为规范，在网络环境中面临着前所未有的困境。如果仅仅依靠道德的调节、引导和推动，往往难以对网络失范行为进行有效的规约。诸如网络诈骗、网络暴力、侵犯个人隐私等网络失范行为层出不穷，这严重影响了网络空间的健康与秩序。《新时代公民道德建设实施纲要》适时明确指出："要严格依法管网治网，加强互联网领域立法执法，强化网络综合治理。"❶这一纲领性文件为网络空间管理和治理指明了方向，强调了法治在网络治理中的关键作用。在这样的大背景下，加强大学生网络法治意识教育显得尤为重要且紧迫，具有不可忽视的双重重要意义。一方面，加强大学生网络法治意识教育是提高大学生运用法律保护自身意识的关键手段。大学生作为网络使用的主力军，频繁活跃于网络空间，自然面临着诸多潜在的风险与威胁。由于复杂的网络环境充斥着各种虚假信息、不良诱惑以及违法犯罪行为。通过网络法治意识教育，大学生能够在这个纷繁复杂的网络世界中明辨是非，准确识别各种潜在的风险与威胁，知晓如何运用法律武器维护自身的合法权益。这不仅关乎大学生个人的利益与安全，更关系到他们能否在网络环境中健康成长与发展。另一方面，加强大学生网络法治意识教育是防范网络犯罪行为的有效途径。大学生正处于价值观形成和发展的关键时期，其行为和观念容易受到外界环境的影响。

（一）掌握网络法律法规知识

我国充分认识到网络空间的复杂性和多样性，为了有效规范网络行为、维护网络秩序，制定了一系列不同层次的法律法规，逐步构建起了较为完备的网络法律体系。这些法律法规犹如一张严密的法网，涵盖了网络安全、数据保护、网络信息传播等多个关键领域，为网络空间的有序运行提供了坚实的法律依据。

在网络安全领域，《中华人民共和国计算机信息系统安全保护条例》具有重要的地位和作用。随着信息技术的飞速发展，计算机信息系统已经成为社会运行的核心基础设施之一，存储和处理着大量的重要信息。该条例旨在全方位保障计算机信息系统的安全运行，防止信息泄露、篡改和破坏等安全事件的发生。它明确规定了计算机信息系统的安全保护范围、安全管理制度以及违反规定应承担的法律责任等内容，为维护计算机信息系统的安全稳定运行提供了有力的法律支撑。

---

❶ 中共中央　国务院.新时代公民道德建设实施纲要[N].人民日报，2019-10-28（6）.

随着大数据时代的到来，数据的价值日益凸显，如今数据已成为重要的资产。为了应对数据安全面临的新挑战，《中华人民共和国数据安全法》应运而生。这部法律聚焦于数据的保护与管理，致力于确保数据的保密性、完整性和可用性。它从数据的收集、存储、使用、加工、传输、提供、公开等各个环节入手，对数据安全进行了全面规范，明确了数据处理者的安全义务和责任，为大数据时代的数据安全筑牢了坚固的防线。

在网络管理与信息传播领域，一系列法律法规也发挥着重要作用。《中国公民计算机互联网管理办法》对公民在互联网上的行为进行了全面规范，明确了公民在网络空间中的权利与义务边界。它引导公民要合法、文明地使用互联网，促进网络空间的健康发展。《互联网跟帖评论服务管理规定》则针对网络跟帖评论这一常见且活跃的互动形式，加大了管理力度。网络跟帖评论作为网民表达意见和交流思想的重要方式，其健康有序发展对于营造良好的网络言论环境至关重要。该规定通过对跟帖评论服务提供者和用户的跟评行为进行规范，旨在营造一个健康、有序的网络言论环境，防止不良信息通过跟帖评论的方式传播扩散。

《网络信息传播权保护条例》侧重于保护知识产权，鼓励创新创造，以促进网络信息的合法传播与共享。在网络信息快速传播的时代，知识产权保护面临着诸多新问题和新挑战。该条例明确了网络信息传播过程中各方的权利和义务，平衡了权利人、网络服务提供者和社会公众之间的利益关系，既保护了知识产权人的合法权益，又促进了网络信息的合理传播与利用，为网络文化的繁荣发展提供了法律保障。

（二）树立网络法治价值观

1. 在社会发展中的核心地位与多元作用

在人类社会漫长的演进历程中，法治始终占据着核心且不可撼动的地位，发挥着多维度、深层次且不可替代的关键作用。从宏观的社会治理层面审视，法治是维护社会秩序稳定的基石。它犹如一套精密的社会运行规则体系，明确界定了社会成员的权利与义务边界，确保人类社会生活在有序的轨道上运行。在政治领域，法治为民主政治的实现提供了坚实的制度保障，通过规范权力的运行机制，防止权力的滥用与腐败，保障公民平等地参与政治生活，使政治决策更加公正、透明且符合公共利益。

在经济发展进程中，法治是市场经济健康发展的重要支撑。清晰的产权制度、公平的市场竞争规则以及有效的契约执行机制，都是法治在经济领域的具体体现。它为市场主体提供了稳定的预期，鼓励创新与投资，促进资源的合理配置，从而推动经济的持续增长与繁荣。

从微观个体层面分析，法治既是引导个体回归理性自我的现实性力量，又是凸显个体主体性价值的制度性力量。在社会生活中，个体的行为往往会受到各种因素的影响，容易陷入冲动与盲目。法治以其明确的规范和强制力，引导个体在行为选择时遵循理性原则，克制本能的冲动，做出符合社会整体利益和自身长远利益的决策。同时，法治通过赋予个体平等的权利和自由，保障个体在法律框架内充分发挥自身的潜力，追求和实现个人的理想与价值，彰显个体的主体性地位。

在网络这一新兴的虚拟社会领域，法治的上述特性同样具有深远且不可忽视的重要意义。网络的快速发展打破了传统的时空限制，极大地拓展了人类的活动空间，但也为我们带来了诸多新的问题与挑战。在这个高度开放和复杂的网络环境中，法治作为一种权威性的规范力量，为网络社会的有序运行提供了基本准则，确保网络空间的公平、正义与安全。

2. 法律法规对大学生"他律"作用的本质内涵与网络非理性行为的剖析

网络法律法规对大学生具有"他律"的重要作用，深入理解这一作用的本质内涵，对于把握网络法治教育的方向至关重要。这种外在的约束并非对大学生自由和发展的限制，而是有着更为深刻和积极的价值根基。网络法律法规以理性为出发点和归宿，旨在引导大学生在网络空间中追求理性价值。

在网络这个拥有海量信息且传播速度极快的特殊空间里，信息的快速流动和传播形成了一种独特的传播生态，这种生态容易诱发各种非理性行为。从信息传播的角度来看，网络的开放性和便捷性使得信息的生产与传播门槛大幅降低，导致大量未经筛选和核实的信息涌入网络空间。在这种信息洪流的冲击下，大学生作为网络的主要使用者，面临着巨大的信息处理压力。

情绪化的言论常常在网络上迅速蔓延，成为网络非理性行为的典型表现之一。部分网民，包括一些大学生，在未充分了解事实真相的情况下，仅凭个人情绪就发表激烈的言辞。这背后有着复杂的心理和社会因素。从心理学角度分析，个体在网络环境中容易产生"去个性化"效应，由于匿名性和群体的掩护，个体的自我约束能力通常会下降,更容易释放内心的情绪。从社会层面看,网络舆论场的快速形成和传播机制,使得一些情绪化的言论能够在短时间内引发广泛共鸣,形成舆论浪潮,进而引发网络舆论的混乱。这种混乱不仅干扰了正常的信息传播秩序,也容易误导公众的认知,对社会稳定产生潜在威胁。

盲目跟风的网络暴力现象也是网络非理性行为的突出问题。在群体情绪的裹挟下,部分人往往失去独立思考的能力,对他人进行无端的攻击和谩骂诋毁。网络暴力的发生不仅严重侵犯了他人的合法权益和人格尊严,给受害者带来巨大的心理创伤和精神压力,也破坏了网络空间的和谐与文明氛围。这种行为的产生与网络的匿名性、群体极化效应以及部分网民法律意识淡薄等多种因素密切相关。匿名性使得一些人在网络上敢于做出在现实生活中不敢做的行为,而群体极化效应则进一步放大了这种负面行为,使得原本微小的负面情绪在群体中不断强化,最终演变为网络暴力。

3. 法治价值观对大学生网络行为的引导与规范作用

网络法治价值观的树立,对于大学生在纷繁复杂的网络环境中摆脱非理性网络行为的束缚具有关键意义。这一价值观犹如一座灯塔,为大学生在网络的茫茫海洋中指引正确的方向。它引导大学生以理性、客观的态度看待网络信息。在面对海量的网络信息时,大学生能够运用法治思维和价值判断,对信息的真实性、合法性和合理性进行甄别。不再被表面的情绪化表达所左右,而是深入分析信息背后的逻辑和事实依据。例如,在面对网络热点事件时,具有网络法治价值观的大学生不会急于跟风发表评论,而是等待更多事实信息的披露,以客观、公正的视角看待事件,避免因信息不对称而做出错误的判断和言论。同时,网络法治价值观能够帮助大学生克服盲目跟风的心理,保持独立思考的能力。在网络群体中,大学生能够坚守自己的原则和立场,不随波逐流。当面对群体的非理性行为时,他们能够运用所学的法律知识和法治观念,对不良群体行为进行反思和批判,以理性的声音引导群体回归正确的轨道。通过树立正确的网络法治价值观,大学生能够回到德行的正轨中并正确引导其他网民。网络法治价值观与网络道德规范相辅相成,共同引导大学生自觉遵守网络道德和法律规范。在网络交往中,大学生能够尊重他人的权利和尊严,以文明、理性的方式表达自己的观点和意见。他们明白,在网络空间中的言行同样需要承担相应的道德和法律责任,从而更加谨慎地对待自己的每一次发言和行为。这种价值观的塑造,不仅有助于提升大学生自身的网络素养，使他们在网络世界中更好地辨别是非、抵御不良信息的影响，还能促进网络空间的健康发展。大学生作为网络的活跃群体，他们的文明理性行为能够在网络中形成良好的示范效应，带动更多的网民遵守网络规范规则，共同营造一个积极向上、文明有序的网络环境。

第二节 网络道德教育的实施形式

一、网络公益事业制度化

（一）网络公益事业制度化的重要性

网络公益事业制度化模式的构建，成为新时代大学生网络道德教育的关键突破口。这一模式不仅为大学生道德教育搭建了高效的交流平台，更在深层次上助力对大学生优良道德观念的培育，引导他们形成正确的道德模式与道德行为。从教育心理学角度来看，网络公益活动为大学生提供了一个实践场域，符合社会学习理论中通过观察与实践进行学习的观点。大学生在参与网络公益过程中，能够将理论知识与实际行动相结合，再通过观察他人的行为以及自身的实践反馈，不断调整和完善自己的道德认知与行为模式。

（二）网络公益事业制度化的构建维度

1. 科学合理的组织架构

构建科学合理的组织架构是网络公益事业制度化的基础。在网络公益活动中，不同部门应承担明确的职责与分工。例如，策划部门负责根据社会需求和大学生特点，设计具有吸引力和教育意义的公益项目；执行部门负责项目的具体流程实施，确保活动按计划推进；宣传部门负责通过多种网络渠道，广泛宣传公益项目信息，吸引更多大学生参与；后勤保障部门则负责活动所需的物资调配与技术支持等工作。各部门之间需建立有效的沟通协调机制，以保障活动的有序开展。这一组织架构的设计借鉴了管理学中的分工协作原理，通过明确分工提高工作效率，通过协调合作实现整体目标。

2. 规范的运作流程

规范的运作流程贯穿网络公益活动的全过程，涵盖项目策划、实施、监督以及评估等关键环节。在项目策划阶段，需要深入调研社会问题和大学生兴趣点，制定切实可行的公益目标和详细的活动方案。实施阶段要严格按照策划方案执行，确保活动的质量和进度一切顺利。监督环节则要对公益资金的流向、活动执行情况等进行全面监控，防止出现违规操作。评估环节通过建立科学的评估指标体系，对公益活动的效果进行量化和质性分析，为后续活动的改进提供依据。这一运作流程的规范化，有助于保障网络公益活动的质量与效果，符合项目管理理论中的全生命周期管理理念。

3. 透明的监督机制

建立透明的监督机制是增强大学生对网络公益信任度的关键。一方面，要对公益资金的流向进行严格监管，通过财务公开、审计报告等方式，确保每一笔资金都真正用于公益项目。另一方面，对活动执行情况进行实时监督，包括活动进展、服务质量等方面。可以利用区块链技术的不可篡改特性，记录公益活动的每一个环节，提高信息透明度。同时，建立反馈渠道，鼓励大学生和社会公众对公益活动进行监督和评价，针对反馈问题及时解决。

（三）网络公益事业制度化对大学生的影响

专门的网络公益项目平台通常整合了各类公益资源，依据大学生的专业特长、兴趣爱好等，为他们提供多样化的公益项目选择。在参与过程中，大学生不仅能够锻炼自身的实践能力，还能在与他人的协作中，深刻体会到关爱他人、奉献社会的价值与意义。这种亲身体验符合道德发展理论中通过实践促进道德成长的观点。大学生在网络公益活动中能不断反思和调整自己的行为，将网络公益内化为自身的道德追求，进而在网络空间形成积极向上的道德风尚。

二、科技治理与网络监管

（一）科技治理在网络道德教育中的关键作用

科技治理在净化网络环境、保障大学生网络道德教育成效方面扮演着至关重要的角色。随着信息技术的飞速发展，网络环境日益复杂，各种不实信息、不良内容充斥其中，对大学生的道德观念产生潜在威胁。借助人工智能、大数据、防火墙等新兴现代信息技术，能够为营造安全、健康的网络环境筑牢技术防线。从传播学角度来看，网络信息的快速传播和广泛扩散容易形成信息噪声，从而干扰大学生正确的道德认知。科技治理通过对网络信息的筛选和过滤，减少不良信息的传播，有助于大学生接触到积极健康的内容，进一步促进其道德观念的正向发展。

（二）现代信息技术在网络监管中的应用

1. 人工智能技术的应用

人工智能技术可通过对海量网络信息的深度学习，构建智能监测模型，实时识别网络中的虚假信息、谣言以及不良内容。人工智能算法能够分析信息的语言特征、传播模式等多维度数据，精准判断信息的真实性和合法性。例如，通过对大量虚假新闻的学习，模型可以识别出虚假新闻中常见的夸张表述、不合理的逻辑结构等特征，从而及时发现并预警潜在的虚假信息。这一应用体现了人工智能在信息处理和模式识别方面的强大能力，为网络监管提供了高效、智能的技术手段。

2. 大数据分析的作用

大数据分析则能够挖掘信息传播的潜在规律，预测不实信息的扩散趋势，从而提前采取措施进行干预。通过收集和分析网络信息的传播路径、受众反馈等数据，大数据技术可以绘制出信息传播的动态图谱，预测信息在不同群体、不同平台之间的传播方向和速度。例如，当发现某一谣言在特定群体中开始传播时，根据大数据分析结果，可以及时采取针对性的辟谣措施，如在政府相关平台发布权威信息、引导意见领袖进行正面解读等，从而有效遏制谣言的扩散。

3. 防火墙技术的功能

防火墙技术作为网络安全的重要屏障，能够阻止外部非法访问，保护网络系统的安全稳定运行。通过设置防火墙访问控制规则，对进出网络的数据包进行检查和过滤，只允许合法的数据包通过。这不仅可以防止黑客攻击、恶意软件入侵等安全威胁，还能限制大学生访问不良网站，从网络接入层面保障大学生的网络环境安全。

（三）完善信息屏蔽和监管体系

为了实现对网络信息的有效管理，还需建立完善的信息屏蔽和监管体系。利用技术手段对不良信息进行自动屏蔽,如关键词过滤、图像识别等技术,可以实时识别并屏蔽包含敏感词汇、不良图像等内容的信息。同时,还应加强对网络服务平台的监督管理,要求平台严格履行信息审核责任,对发布的内容进行严格筛选。

主流媒体应充分发挥自身的权威性与影响力,积极传播正能量,弘扬社会主义核心价值观。可以通过制作高质量、富有吸引力的网络文化产品,如专题报道、系列短视频等,引导大学生树立正确的网络价值取向。例如,制作关于优秀传统文化传承、科技创新成就等主题的短视频,以生动有趣的动态形式展现正面价值观,增强大学生对不良信息的免疫力。

三、多元协同育人

(一)构建网络道德教育生态的核心要素

在数字化时代的浪潮下,构建全方位、多层次的网络道德教育生态已成为教育领域的关键议题。营造和谐的网络氛围、强化网络监管以及健全网络法律建设,无疑是这一生态构建的核心要素,它们彼此交织、相互作用,共同为大学生网络道德教育筑牢坚实根基。

和谐的网络氛围作为网络道德教育生态系统运行的软环境,犹如滋养万物的土壤,对大学生的网络道德成长起着至关重要的作用。它不仅是一种表面的平和与有序,更蕴含着丰富的情感与价值内涵。积极向上的网络氛围能够为大学生提供源源不断的正能量,给予他们积极的情感体验,引导其树立正确的价值取向。在这样的氛围中,大学生能够在潜移默化中受到熏陶,从而形成健康的网络道德观念。例如,在一些充满正能量的网络社区中,用户们积极分享知识、经验和正面的生活态度,大学生置身其中,能够切实感受到温暖与鼓励,从而激发内心的善良与积极向上的力量。

强化网络监管则是保障网络道德教育生态系统正常运行的控制机制,宛如精密机器中的调节装置,不可或缺。随着网络技术的飞速发展,信息传播的速度和范围呈几何级数增长,这也使得不良信息的传播变得更加容易和隐蔽。传统的监管方式在面对日益复杂的网络环境时,往往显得力不从心。因此,强化网络监管迫在眉睫。通过建立完善的监管体系,运用先进的技术手段,对网络信息进行实时监测和筛选,能够有效防止不良信息的肆意传播,避免其对大学生的思想和行为产生负面影响。例如,利用大数据分析技术,可以对网络上的海量信息进行智能分析,精准识别出不良信息的源头和传播路径,及时采取措施进行封堵和处理。

健全网络法律建设作为系统运行的制度保障,恰似坚固的基石,为网络行为划定明确的边界和准则。网络空间并非法外之地,随着网络在社会生活中的渗透日益加深,网络法律建设的重要性愈加凸显。完善的网络法律法规能够为网络道德教育提供有力的支撑,使网络行为有法可依、有章可循。一方面,它能够对违法违规的网络行为进行严厉惩处,起到威慑作用;另一方面,也为网络道德教育提供了明确的规范和指引,使大学生清楚地知道什么行为是被允许的,什么行为是坚决禁止的。例如,我国陆续出台的一系列网络法律法规,如《中华人民共和国网络安全法》《互联网信息服务管理办法》等,都为网络空间的健康发展提供了坚实的法律保障。

从系统论的视角审视,网络道德教育生态是一个复杂而有机的整体。和谐的网络氛围、有效的网络监管以及健全的网络法律建设,分别从不同的层面和角度,共同推动着这一系统的良性运行。它们相互依存、相互促进,任何一个要素的缺失或不完善,都可能影响整个系统的稳定性和有效性。因此,在构建网络道德教育生态的过程中,必须统筹兼顾,协同推进这三个核心要素的建设。

(二)网络过滤功能与互联网监管

在网络技术日新月异的今天,网络过滤功能的重要性愈加凸显。随着网络的普及和发展,信息传播呈现出爆发式增长,其中不乏大量不良信息,如色情、暴力、虚假信息等,这些信息严重侵蚀着大学生的身心健康。因此,不断加大技术研发投入,提升网络过滤的精准度与全面性,已成为保障大学生网络环境健康的关键举措。

传统的网络过滤技术在面对日益复杂多样的不良信息传播形式时,逐渐暴露出诸多局限性。早期的过滤技术主要基于关键词匹配,这种方式虽然简单易行,但容易被不法分子通过变换词汇、使用隐晦表述等方式绕过,导致过滤效果大打折扣。而随着图像、视频等多媒体信息在网络中的广泛传播,传统技术更是难以对其进行有效地识别和过滤。例如,一些不良信息通过将敏感内容隐藏在图片的像素中,或者利用视频中的音频信息传播不良思想,使得传统过滤技术防不胜防。为了应对这些挑战,研发更加智能、高效的过滤技术迫在眉睫。基于深度学习的内容识别技术应运而生,它凭借强大的数据分析和模型学习能力,为网络过滤带来了新的突破。这种技术能够对文本、图像、视频等多种形式的信息进行深度分析和准确识别。在文本识别方面,它可以通过对大量文本数据的学习,理解语义和语境,精准判断文本是否包含不良信息;在图像识别方面,能够对图像的内容、色彩、像素等特征进行提取和分析,识别出其中隐藏的敏感信息;在视频识别方面,则可以通过对视频的关键帧、音频轨道等进行实时监测,及时发现并过滤不良视频内容。

(三)互联网监管的协同机制

网络信息的传播涉及多个部门和领域,网信部门、公安部门、文化部门等在其中都扮演着不可或缺的角色。网信部门作为网络信息管理的牵头部门,承担着监测和发现网络谣言、不良信息等重要职责。通过建立完善的网络舆情监测体系,利用大数据、人工智能等技术手段,对网络信息进行实时监控和分析,能够及时捕捉到潜在的风险点,并迅速采取措施进行处理。例如,在重大事件发生期间,网信部门能够密切关注网络动态,及时发现和处置可能引发社会不稳定的谣言信息,正确引导网络舆论走向。

公安部门在互联网监管中则侧重于对违法犯罪行为的打击和惩处。对于那些利用网络进行诈骗、传播淫秽信息、侵犯公民个人信息等违法犯罪行为,公安部门凭借其专业的侦查能力、技术手段和执法权力,迅速展开调查,依法对违法犯罪分子进行严厉打击。在打击网络犯罪的过程中,公安部门通常与其他部门密切配合,形成联动机制,确保网络空间的安全与稳定。

文化部门主要负责对网络文化市场的规范和管理,引导网络文化产业健康发展。随着网络文化产业的蓬勃兴起,各种网络文化产品如网络游戏、网络文学、网络视频等层出不穷。文化部门通过制定相关政策和标准,对网络文化产品的内容进行审查和监管,防止低俗、暴力、色情等不良文化内容的传播。同时,鼓励和支持正能量优秀网络文化产品的创作和传播,弘扬社会主义核心价值观,丰富大学生的精神文化生活。

各部门之间加强信息共享、联合执法等方面的合作至关重要。通过建立信息共享平台,实现部门之间的数据互通和资源共享,能够打破信息壁垒,提高监管效率。例如，在打击网络谣言专项行动中，网信部门监测到谣言信息后，及时将相关线索传递给公安部门，公安部门迅速展开调查，确定造谣者身份并进行处罚。同时，文化部门对涉及谣言传播的网络平台进行规范和管理，要求其加强内容审核，防止类似谣言再次传播。通过这种协同合作，能够实现对网络谣言的全方位、全链条治理，有效维护网络秩序。

（四）学校在网络道德教育中的作用

1.完善网络教育体系

学校作为教育的主阵地，在大学生网络道德教育中肩负着不可推卸的责任。全面完善新时代大学生网络教育体系，是培养具有良好网络道德素养人才的必备要求。

开设专门的网络道德教育课程是完善网络教育体系的重要环节。通过系统的课程设置，能够向大学生全面传授网络道德知识和规范，使他们深入了解网络道德的内涵、原则和要求。在课程内容设计上，应紧密结合网络时代的特点和大学生的实际需求，涵盖网络伦理、网络法律法规、网络安全等多个方面。例如，通过讲解网络伦理知识，引导大学生树立正确的网络价值观，使他们明白在网络空间中应尊重他人的权利和尊严，不进行恶意攻击和侵犯他人隐私的行为；通过介绍网络法律法规，让大学生清楚地认识到网络行为的法律边界，增强法律意识，自觉遵守法律法规。同时，在教学方法上应注重多样化，可以采用案例教学、课堂讨论、实践操作等多种方式，激发学生的学习兴趣，提高教学效果。

开展主题教育是激发大学生道德情感、增强网络道德认同感的有效途径。网络道德主题班会能够为大学生提供一个交流和分享的平台，让他们在轻松愉快的氛围中，围绕网络道德问题展开深入讨论，分享自己的观点和经验。在班会过程中，教师可以引导学生分析一些典型的网络道德案例，让学生从正反两方面深刻认识网络道德的重要性。演讲比赛则能够进一步激发学生对网络道德的思考和表达，鼓励他们通过演讲的方式，传播正确的网络道德观念，展现自己对网络道德的理解和思考。通过这些主题教育，能够在校园内营造浓厚的网络道德教育氛围，使大学生在潜移默化中受到感染和熏陶，进一步增强对网络道德的认同感。

2.建立惩戒和激励机制

建立健全惩戒和激励机制，是引导大学生遵守网络道德规范的重要手段。通过对遵守网络道德的学生给予表彰奖励，能够树立正面榜样，激励更多学生积极践行网络道德规范；而对违反规定的学生应进行严肃处理，则能够起到警示作用，促使学生自觉约束自己的网络行为。

对于遵守网络道德的学生，学校应给予充分的肯定和表彰。颁发荣誉证书是一种直观而有效的奖励方式，它不仅是对学生网络道德行为的认可，更是一种荣誉的象征，能够增强学生的自信心和自豪感。同时，给予物质奖励也能够进一步激发学生的积极性。例如，可以设立网络道德奖励基金，对在网络道德方面表现突出的学生给予一定的物质奖励，如书籍、学习用品等。这些奖励措施能够在校园内形成良好的示范效应，引导更多学生向榜样学习，积极参与到网络道德建设中来。

对于违反网络道德规定的学生，学校必须进行严肃处理。批评教育是最基本的处理方式，通过与学生进行面对面的沟通和交流，指出其行为的错误之处，帮助他们认识到问题的严重性，引导其改正错误。对于情节较为严重的学生，则应给予纪律处分，如警告、记过、留校察看等。这些处分措施不仅是对学生违规行为的惩罚，更是一种教育手段，能够让学生深刻认识到违反网络道德规范的后果，从而起到警示作用，防止类似行为再次发生。

3. 规范校园网络系统管理

加强对校园网络的安全防护，防止不良信息进入校园网络，是学校网络管理工作的重中之重。通过设置网络访问权限，可以对校园网内的用户进行分级管理，限制非授权用户的访问，确保校园网络的安全性。例如，对于学生用户，可以根据其年级、专业等信息设置不同的访问权限，限制其访问某些敏感或不良信息资源。同时，安装网络安全防护软件是防范网络攻击和恶意软件入侵的重要手段。这些软件能够实时监测网络安全，及时发现并拦截病毒、木马等恶意程序，保障校园网络的正常运行。加强对校园网络平台的内容管理同样不容忽视。学校应建立专门的内容审核团队，对校园网络平台上发布的信息进行严格审核，确保信息的真实性、合法性和积极健康性。引导学生传播积极健康的信息，鼓励他们在校园网络平台上分享学习经验、学术成果、校园文化活动等内容，营造良好的校园网络文化氛围。

（五）加强师资队伍建设

学校加强师资队伍建设，也是提升网络道德教育质量的关键。教师作为学生成长道路上的引路人,其专业素养和教育能力直接影响着学生的网络道德教育效果。

定期组织教师参加舆情安全、网络道德、新媒体技术等方面的培训与讲座,能够拓宽教师的知识面,提升其专业素养。在舆情安全培训中,教师可以学习到如何及时监测和分析网络舆情,掌握应对舆情危机的方法和技巧,以便在学生出现网络舆情问题时能够及时进行引导和处理。网络道德培训则能够帮助教师深入理解网络道德的内涵和要求,提高教师在网络道德教育方面的教学水平。新媒体技术培训能够使教师掌握最新的网络技术和工具,如社交媒体平台的使用、网络教学资源的开发等,更好地适应网络时代的教育教学需求。

教师要密切关注学生在微博、QQ、微信等网络社交平台的动态,及时了解学生的思想状况。通过与学生在社交网络上的互动交流,教师能够更加贴近学生的生活,发现学生在网络使用过程中存在的问题和困惑。例如,当发现学生在社交网络上发布一些负面情绪或不良信息时,教师可以及时与学生进行沟通,了解其背后的原因,有针对性地开展思想道德教育,帮助学生解决实际困难。同时,教师要注重培养学生的爱国情感和民族认同感,引导学生树立正确的世界观、人生观和价值观,培养学生良好的学风和思维模式,为学生的身心全面发展奠定坚实的基础。

(六)家庭教育在网络道德教育中的作用

家庭作为孩子成长的第一课堂,家长的言传身教对孩子的网络道德观念形成起着潜移默化的影响。

第一,家长应以身作则,自觉遵守网络道德规范,学习掌握网络知识,以健康文明的方式上网。在网络时代,家长自身的网络行为对孩子具有很强的示范作用。如果家长在网络上经常传播虚假信息、发表不当言论,或者沉迷于网络游戏、网络社交等,孩子很容易受到影响,从而模仿家长的不良行为。因此,家长要时刻保持自律,为孩子带头树立良好的网络形象。

第二,家长要关注子女的网络动态信息,及时发现并纠正子女在网络使用过程中的不当行为。随着互联网的普及,大学生与网络的接触日益频繁,他们在网络上的行为和思想动态需要家长密切关注。通过与子女的沟通交流,家长可以了解他们在网络上的活动情况,如浏览的网站、参与的社交群组等。当发现子女存在沉迷网络、浏览不良信息等不当行为时，家长要及时给予指导和纠正。例如，家长可以与子女一起制定网络使用规则，规定上网时间、限制访问的网站等，帮助子女养成良好的网络使用习惯。

第三，家长要注重培养子女正确的世界观、人生观和价值观，为子女的健康成长奠定坚实的道德基础。正确的"三观"是大学生在网络世界中辨别是非、抵御不良信息诱惑的重要保障。家长可以通过日常生活中的点滴事例，引导子女树立正确的价值取向。例如，在家庭讨论中，鼓励子女对社会热点问题发表自己的看法，引导他们要从不同角度分析问题，培养他们的批判性思维能力和正确的价值判断能力。通过家庭的长期熏陶、教育，使子女在面对复杂多变的网络世界时，能够坚守道德底线，做出理智且正确的选择。

四、大学生自我管理

（一）自我管理与自我教育的重要性

在数字化浪潮席卷而来的当下，网络环境已然成为大学生生活与学习中不可或缺的一部分。然而，这一虚拟空间犹如一把双刃剑，在为大学生带来海量信息与便捷资源的同时，也充斥着形形色色的诱惑与错综复杂的挑战。在这片信息的汪洋中，大学生随时可能遭遇虚假信息、网络暴力等不良现象的冲击。在此背景下，自我管理与自我教育对于大学生而言，无疑是应对这些问题、塑造正确网络道德观念的关键利器。

从心理学的深邃视角剖析，自我管理与自我教育高度契合自我效能理论的精髓。该理论强调，个体凭借自我控制与自我激励的内在力量，能够显著提升自身的行为能力，并增强应对挑战的坚定信心。在网络道德教育这一特定领域，大学生通过积极践行自我管理与自我教育，犹如为自己的网络行为构筑起一道坚固的防线。他们能够更加敏锐地洞察自身网络行为的对错与否，精确掌控行为的方向与尺度，进而增强对网络世界的掌控感。这种掌控感并非简单的约束，而是基于内在自觉的道德自律能力的提升。

（二）大学生自我控制能力的培养

网络的便捷性与丰富性，使得不良文化如同隐匿在暗处的暗流，时刻伺机侵蚀大学生的精神世界。因此，大学生必须着力强化自我控制能力，以坚定不移的意志坚决抵制不良文化的诱惑,从而避免陷入网络沉迷的泥沼。

培养自我控制能力,需从细节入手,通过科学合理地规划与持之以恒地实践,逐步养成自律的良好习惯。设定合理的上网时间是关键的第一步。大学生应根据自身的学习、生活节奏,为上网活动量身定制精确的时间安排。例如,将每日上网时长设定为两小时,这看似有限的时间,实则需要精心分配到学习、娱乐等多元活动之中。在学习方面,网络可成为获取专业知识、拓宽学术视野的广阔平台;在娱乐领域,应选择积极健康的项目,如欣赏优质的文艺作品、参与有益的线上互动游戏等。同时,制订明确的网络使用计划至关重要。这份计划不仅要涵盖上网的具体时段、活动内容,更要具备严格的执行标准。大学生需如同遵守严谨的学术规范一般,坚决按照计划行事,克服拖延与随意性,以强大的意志力将计划转化为实际行动。

除了时间管理与合理规划并执行,积极参与网络平台组织的各类有益于身心健康的活动,也是提升自我控制能力的有效途径。网络学术交流活动犹如一座知识的宝库,为大学生提供了与学界精英对话、与前沿学术思想碰撞的机会。在这些活动中,大学生能够拓宽知识面的边界,深入探索专业领域的奥秘,培养严谨的学术素养与敏锐的批判性思维能力。通过参与学术讨论、研读学术论文,他们将学会从不同角度审视问题,剖析观点的合理性与局限性,从而提升独立思考与判断的能力。

文化创意竞赛则是激发大学生创造力与文化自信的舞台。在竞赛中,大学生充分发挥自身的想象力与创新精神,将个人对文化的理解与感悟融入作品之中。这种创造性的表达不仅能够展现大学生的才华与个性,更能让他们在与其他参与者的交流与竞争中,汲取多元文化的养分,进一步增强对本土文化的认同感与自豪感。通过参与此类活动,大学生能在积极健康的网络环境中不断成长与进步,自我控制能力也在潜移默化中得到强化,从而更加从容地应对网络世界的各种诱惑与挑战。

(三)大学生利用网络平台扩大榜样影响力与参与社会实践

在新时代的历史坐标中,网络平台已成为大学生施展才华、服务社会的重要阵地。应当鼓励大学生充分利用这一平台,扩大榜样的影响力,积极投身富有价值的社会实践,具有深远的现实意义与时代价值。

网络的开放性与传播性,为榜样力量的扩散提供了前所未有的广阔空间。大学生作为网络时代的主力军,应善于挖掘身边的榜样人物与事迹,借助网络平台的多元传播渠道,如社交媒体、网络直播、短视频平台等,将这些正能量故事广泛传播。通过生动形象的文字、图片、视频等形式,让榜样的精神深入人心,激励更多同龄人积极向上、追求卓越。例如,通过网络平台的传播一些优秀大学生志愿者的公益事迹,引发广泛的社会关注,吸引更多同学加入志愿服务的行列,形成良好的社会示范效应。

同时,积极参与社会实践是大学生成长成才的必由之路。网络平台为大学生参与社会实践提供了丰富的形式与便捷的途径。线上志愿服务便是其中的重要形式之一。在在线辅导过程中,大学生可以运用自身所学知识,为边远地区的学生答疑解惑,助力他们提升学业成绩;在文化传播方面,通过分享优秀的文化作品、讲述历史故事等方式,拓宽学生的文化视野,丰富他们的精神世界。

社会调研活动同样是大学生了解国情社情、增强社会责任感的重要途径。借助网络平台的大数据资源与便捷的调查工具,大学生可以高效地收集数据、开展问卷调查。通过对社会热点问题、民生需求的深入调研,他们能够洞察社会现象背后的深层次原因,提出具有针对性与建设性的解决方案。在实践过程中,大学生能够亲身体验社会的多样性与复杂性,深刻认识到自身肩负的社会责任与历史使命。这种认知的深化,将促使他们更加自觉地遵守网络道德规范,以积极健康的网络言行传递正能量,树立新时代大学生正确的网络道德观念。

第三节 网络道德教育的创新方式

一、构建无缝连接的网络交流平台

(一)传统道德教育话语体系的特质剖析

1. 内容层面

传统道德教育话语体系在内容上的严肃性,是其显著特征之一。它高度注重对道德理念进行深度阐释与严谨表达。从哲学层面来看,这涉及对道德本体论、认识论和价值论的深入挖掘。例如,在阐释儒家"仁"的思想时,不仅停留在字面含义，而是深入探讨"仁"在个体修养、社会关系以及宇宙秩序中的多重意义，通过对经典文献的解读、历史事例的分析，展现"仁"作为一种核心道德理念的深刻内涵与崇高价值。同时，强调道德规范的权威性与不可侵犯性，这种权威性并非基于强制力，而是源于道德规范自身的合理性以及社会文化的长期积淀。以"诚实守信"这一道德规范为例，它在社会交往、经济活动以及法律体系中都具有基石性地位，违背这一规范将会面临道德谴责与社会制裁。

规范性也是传统道德教育话语内容的重要特性。它通常遵循严谨的道德理论框架，这些框架往往是经过长期学术研究与社会实践检验而形成的。比如康德的义务论、密尔的功利主义以及罗尔斯的正义论等，都为道德教育提供了坚实的理论基础。在语言范式上，注重用词精准、逻辑严密。道德教育文本在表述道德原则、规范和要求时，力求避免模糊与歧义，通过严密的逻辑推理来构建道德知识体系，使受教育者能够清晰地理解道德准则的内涵与外延，以及它们之间的内在逻辑关系。

2.形式层面

从形式上看，传统道德教育话语具有明显的固定性。它常常遵循特定的结构与模式，这种结构模式在长期的教育实践中逐渐固化。例如，在学校道德教育中，常见的结构是"提出问题—分析问题—给出解决方案"，先阐述道德现象，接着运用道德理论进行分析，最后得出应当遵循的道德行为准则。这种相对稳定的传播方式，在一定程度上保证了道德教育内容的系统性与连贯性，但也容易导致话语的僵化。

叙事宏大性也是传统道德教育话语形式的一大特点。它常从宏观视角出发，聚焦于道德原则、社会理想等宏大主题。以社会主义核心价值观教育为例，强调富强、民主、文明、和谐等国家层面的价值目标，以及自由、平等、公正、法治等社会层面的价值取向，旨在构建一个完整的道德认知体系。这种宏大叙事能够为受教育者提供广阔的道德视野，使其从更高层面理解道德的社会意义与历史使命，但对于缺乏生活经验和抽象思维能力的受众来说，可能会产生理解上的困难。但这种"高大上"且理论性强的话语体系，在特定的历史时期和教育场景中发挥了不可忽视的重要作用。在社会道德规范的传播与传承方面，它为社会成员提供了明确的道德指引，成为维系社会秩序、促进社会和谐发展的重要精神支撑。同时，通过系统的道德教育，还有助于塑造受教育者对道德的基本认知和尊重,培养他们的道德责任感和社会使命感。

3.网络时代大学生与传统道德教育话语的隔阂

大学生作为伴随网络成长起来的"网络原住民",他们的思维方式、语言习惯和价值观念深受网络文化的全方位熏陶。网络文化的即时性,使得信息能够在瞬间传遍全球,大学生可以随时随地获取最新的资讯、知识和观点。这种即时性打破了传统信息传播的时间限制,培养了大学生快速获取和处理信息的能力,使他们的思维更加敏捷、灵活。互动性是网络文化的又一关键特性,大学生通过社交媒体、网络论坛等平台,可以与不同地域、不同背景的人进行实时交流与互动。这种互动不仅丰富了他们的社交体验,还促使他们形成了更加开放、多元的思维模式,敢于表达自己的观点,也善于倾听群众的意见。趣味性则是网络文化吸引大学生的重要因素之一,网络语言、表情包、短视频等丰富多样的形式,以轻松幽默的方式传递信息,满足了大学生追求新奇、娱乐的心理需求。

网络文化的这些特点,使得其语言表达更加生动、形象、富有个性,且充满浓厚的生活气息。例如,网络流行语"yyds""绝绝子"等,以简洁、形象的方式表达强烈的情感态度,迅速在大学生群体中广泛传播。相比之下,传统道德教育话语的形式化、固定化和口号化特征,与大学生所熟悉和喜爱的网络文化形成了鲜明对比。在大学生眼中,传统道德教育内容往往晦涩难懂、高高在上。一些抽象的道德概念和宏大的道德叙事,远离他们的日常生活,难以引发情感共鸣和思想认同。这种"交流高墙"的存在,严重阻碍了网络道德教育在学生群体中的有效开展,使得道德教育难以真正触及大学生的内心世界,无法对他们的道德行为产生实质性的引导作用。

(二)网络道德教育提升效果的关键策略

1.借鉴网络话语与打造网络作品

教育者需要积极主动地拉近与大学生的距离,灵活运用趣味化的网络文字符号作为教育载体,将抽象的、纯理论化的道德教育内容具象化,使其以通俗易懂的形式呈现。

教育者应深度借鉴网络话语,紧密立足于大学生热衷的热搜话题。热搜话题作为网络舆情的晴雨表,敏锐地反映了当下大学生关注的社会热点、文化潮流和生活诉求,是他们日常交流和思考的核心焦点。例如,当"大学生就业压力"成为热搜话题时，教育者就可以以此为切入点，将职业道德、职业规划等道德教育内容融入其中。通过将理论化的教育内容巧妙转化为"接地气"、通俗易懂的语言，使网络道德教育摆脱以往那种深入云端、遥不可及的口号形象，也不再是脱离实际、理想化的革命修辞，而是转变为一种触手可及的、鲜活的、生动的话语体系，从而易于被大学生所理解和认同。为了进一步实现这一目标，学校应当充分发挥网络的传播优势，精心打造更多制作精良的宣传网络道德作品。这些作品在形式上应丰富多样，涵盖短视频、动画、网络剧等多种类型。以短视频为例，其简短精练的特点符合大学生快节奏的生活方式，通过生动有趣的情节、富有感染力的画面和贴合大学生语言风格的台词，迅速吸引大学生的注意力，将网络道德教育内容以润物细无声的方式传递给他们。动画则可以凭借丰富的想象力和独特的艺术表现力，将抽象的道德概念具象化，使大学生在轻松愉悦的氛围中接受道德教育。网络剧则能够以连续的剧情、鲜明的人物形象，深入探讨复杂的道德问题，从而引发大学生的思考与讨论。

同时，借助"网红"效应，利用"网红"在大学生群体中的高人气和强大影响力，将网络道德教育内容最大化地输送给他们。"网红"作为网络文化的代表人物，其言行和价值观对大学生具有较强的示范作用。一些知识型"网红"，凭借其扎实的专业知识和独特的讲解方式，在大学生中拥有大量粉丝。教育者可以与这些"网红"合作，邀请他们参与网络道德教育活动，通过直播、短视频等形式分享自己在道德修养、社会责任感等方面的经验和见解，引导大学生树立正确的网络道德观念。

2.重视网络亚文化的运用

网络亚文化作为网络文化的重要组成部分，具有独特的魅力和影响力，且深受大学生喜爱。它不仅是大学生表达自我、释放压力的方式，更是他们构建身份认同、形成群体归属感的重要途径。巧妙利用这些网络亚文化，并非为了单纯追求娱乐化或降低品位，而是旨在跨越教育者与大学生之间的心灵鸿沟，拉近彼此的精神距离，建立一种与大学生"无缝"对接的话语方式。以"网红文化"为例，其中一些正能量"网红"，他们以积极向上的形象和正能量的内容吸引了大量大学生关注。又如，一些致力于公益事业的"网红"，通过自身的行动传递爱心、奉献社会的价值观。教育者可以与这些"网红"合作，邀请他们参与网络道德教育活动，通过直播、短视频等形式分享自己的成长经历、奋斗故事以及对道德问题的深刻见解，引导大学生树立正确的网络道德观念，激励他们在现实生活中坚持践行道德行为。

"弹幕文化"以其即时互动性和趣味性，为大学生提供了一个表达自我、交流思想的独特平台。教育者可以充分利用弹幕的特点，在网络课程、教育视频等内容中设置互动环节。例如，在讲解网络道德规范时，鼓励大学生通过弹幕发表自己对网络暴力、虚假信息传播等网络道德问题的看法和想法。教育者应及时给予回应和引导，针对学生的观点进行深入分析和点评，强化网络道德教育话语的亲和力。这种互动式的教育方式，能够让大学生感受到自己的观点被重视，增强他们的参与感和责任感，从而达到良好的教育效果。通过对网络亚文化的有效运用，能够使网络道德教育更好地融入大学生的网络生活，实现教育目标与大学生需求的有机结合。

二、挖掘多样网络道德教育载体

（一）运用校园文化载体

1. 文化载体的内涵与作用机制

文化载体从宏观的文化建设视角出发，旨在将网络道德教育的内容有机地融入文化建设的动态过程之中。这并非简单的机械叠加，而是一种深度融合的过程。文化作为一种无形的力量，具有强大的渗透力和感染力，它能够在潜移默化中影响人们的思想和行为。对于长期置身于校园环境的大学生而言，校园网络文化氛围犹如一个无形的教育场域，发挥着强大的"以文化人"作用。在这个教育场域中，良好的校园网络文化会通过多种方式对学生产生积极影响。从价值导向方面来看，为学生在复杂的网络世界中指明正确的道德方向，引导学生树立正确的网络价值观，使学生明白在网络活动中什么是应该做的，什么是不应该做的。从精神凝聚角度而言，它能够增强学生对校园网络文化的认同感和归属感，使学生在共同的文化价值追求下，形成一个紧密的群体，激发学生参与网络道德建设的热情。

2. 营造浓厚的校园文化氛围

（1）基础设施与宣传网站建设

学校在网络道德教育中扮演着至关重要的引领角色，注重校园道德文化的基础设施和宣传网站建设是营造浓厚校园文化氛围的基础工程。校园环境作为学生学习和生活的主要场所，同样具有重要的教育意义。将与网络道德准则相关的元素融入校园环境，能够使网络道德教育从抽象的理论层面走向具体的生活场景，增强教育的直观性和感染力。

建设具有特色的网络文化走廊是一项富有创意和教育价值的举措。网络文化走廊不仅是对校园空间的物理改造，更是一个集教育、文化传播和艺术展示于一体的综合性平台。在这个走廊中，可以精心陈列和播放一些优秀的数字化作品，这些作品以多样化的形式呈现网络道德主题。网络道德主题的微电影以其生动的叙事方式，通过真实的案例和情节设置，展现网络环境下的道德冲突与抉择，引导学生深入思考道德行为的后果和影响；动画短片则凭借其独特的艺术风格和生动形象的视觉表达，以轻松幽默的方式传递网络道德的核心观念，使学生在愉悦的观赏体验中接受教育，降低对道德教育的抵触心理；公益广告以简洁有力的画面和文字，突出网络道德的关键要点，强化学生对网络道德规范的记忆，起到警示和引导作用。这些数字化作品通过生动的画面、精彩的剧情和深刻的内涵，将网络道德的重要理念和价值观念以一种易于接受的方式传递给学生。大学生在日常的学习和生活中穿梭于校园各个角落，不经意间就会受到这些文化元素的熏陶。这种潜移默化的影响能够让学生在网络活动中引发思想共振和情感共鸣，使学生在面对网络道德问题时，能够自然而然地运用所学的道德知识进行思考和判断，从而将网络道德观念内化为自身的行为准则。

相关政策明确强调："注重发挥校园文化的熏陶作用，加强学校报刊、广播电视、网络建设，完善校园文化活动设施，重视校园人文环境培育和周边环境整治，建设体现社会主义特点、时代特征、学校特色的校园文化。"这一政策导向充分凸显了校园文化建设在教育过程中的战略重要性。它不仅是提升学生道德素养的重要途径，更是培育社会主义建设者和接班人的关键环节。通过加强校园文化建设，能够营造积极向上、文明和谐的校园氛围，为学生的成长和发展提供良好的环境支持。

（2）发挥团学组织的作用

团学组织作为学校与学生之间的桥梁和纽带，在学生教育和管理中具有独特的优势。以立德树人为根本任务，打造精品学生社团，并将网络道德的相关内容巧妙地融入各类社团活动之中，是实现网络道德教育与学生实践深度融合的有效途径。

成立青年网络知识宣讲团是一项具有创新性的举措。宣讲团成员通常经过精心选拔和专业培训，具备扎实的网络道德知识和良好的沟通表达能力。他们深入班级、宿舍，以通俗易懂的方式向同学们宣讲网络道德知识。在宣讲过程中，成员们结合实际案例，如网络诈骗、信息泄露、网络暴力等常见问题，深入剖析这些问题的成因、危害以及应对方法，引导同学们树立正确的网络安全意识和道德观念。通过面对面的交流和互动，使同学们更加深入地理解网络道德知识，增强自我保护能力。

开展网络知识答疑活动也是团学组织发挥作用的重要方式。针对大学生在网络使用过程中遇到的道德困惑和问题，组织专业教师和学生骨干提供专业的解答和指导。这一活动不仅及时回应了学生的现实需求，还为学生提供了一个交流和学习的平台。在答疑过程中，引导学生深入思考网络道德问题，培养学生的批判性思维和道德判断能力。通过这些富有特色和趣味性的学生活动，充分发挥品牌社团在朋辈中的影响力，营造积极健康、共建共享的校园网络文化氛围。

（二）发展校园网络公益载体

1. 社会背景与网络公益的兴起

社会对公益事业的需求与日俱增，越来越多的人渴望通过参与公益活动，为社会贡献力量，实现自身的社会价值。互联网的深度发展，为公益事业带来了全新的发展机遇，催生了网络公益这一新型公益形式。网络公益打破了传统公益在时间和空间上的限制，使公益活动不再受地域和时间的束缚。在数字化社会中，人们可以充分运用自己的生活经验和知识，通过网络平台跨越地域界限，与不同地区的人进行交流和合作，满足自己与他人的精神需求。网络公益平台汇聚了大量的公益信息和资源，为人们提供了丰富多样的公益项目选择，使每个人都能够根据自己的兴趣和能力参与到公益活动中。

2. 校园网络公益的教育意义与价值

校园网络公益作为大学生参与网络道德实践的重要形式，具有独特的教育意义和价值。它为大学生提供了一个将网络道德理论知识与实践相结合的平台，使学生在参与公益活动的过程中，能够深刻体会网络道德的内涵和价值。在校园网络公益活动中，大学生可以通过运用网络技术和资源，为需要帮助的人群提供服务。例如，参与线上支教项目，为偏远地区的学生提供优质的网络课程，促进教育公平；参与文化传承项目，通过网络平台传播中华优秀传统文化，增强民族自豪感和文化自信；参与环保宣传项目，借助网络媒体的力量，增强公众的环保意识。在这些过程中，大学生不仅学会了如何运用网络工具解决实际问题，还培养了社会责任感和网络道德意识。《新时代公民道德建设实施纲要》明确指出："要积极培育和引导互联网公益力量，壮大网络公益队伍，形成线上线下踊跃参与公益事业的生动局面。"❶ 这一纲领性文件为校园网络公益的发展指明了方向，强调了校园网络公益在新时代公民道德建设中的重要地位和作用。校园网络公益不仅是培养大学生社会责任感的有效途径，也是推动网络空间道德建设的重要力量。

3.学校的推动与实践

学校作为教育的主阵地，应站在网络时代发展的前沿，敏锐把握时代脉搏，乘势推动网络公益使之成为网络道德的教育载体和实践场地。通过建设"互联网＋公益"的新模式，加快线上线下相融合的步伐，大力弘扬校园网络公益新风尚。学校可以搭建专门的校园网络公益平台，将这一平台作为资源整合的枢纽，将各类公益项目和资源进行有效汇聚，为大学生提供便捷的参与渠道。这些公益项目涵盖多个领域，满足不同学生的兴趣和需求。线上支教项目为偏远地区的学生提供优质的网络课程，通过实时互动教学，帮助他们获取更多的知识和信息，缩小城乡教育差距；文化传承项目通过制作精美的网络文化作品，如短视频、线上展览作品等，传播中华优秀传统文化，让更多的人了解和热爱传统文化；环保宣传项目借助网络社交媒体，发起环保行动倡议，组织线上线下的环保活动，增强公众的环保意识和行动能力。同时，学校要加强对校园网络公益活动的组织和引导，确保活动的规范性和有效性。这需要制定完善的管理制度和评价机制，对参与公益活动的学生进行科学、合理的激励和表彰。可以通过建立公益积分制度，根据学生参与公益活动的时间、贡献等因素给予相应的积分，累积一定积分可以兑换学习用品、社会实践证明等奖励；颁发荣誉证书，对在公益活动中表现突出的学生进行公开表彰，增强学生的荣誉感和成就感。在公益活动过程中，学校要引导大学生将网络道德理念融入实践，让他们在帮助他人、奉献社会的同时，深刻领悟网络道德的真谛，从而在行动中自觉践行网络道德实践，实现网络道德教

---

❶ 中共中央 国务院.新时代公民道德建设实施纲要[N].人民日报，2019-10-28（6）.

育的目标。

三、构建校园网络舆论引导平台

(一)加强网络舆论监督

1. 洞悉舆论状况对网络舆论监督的重要性

在数字化时代,校园网络舆论生态的复杂性与多变性不断加剧。随着信息技术的飞速发展,网络已深度融入大学生的学习与生活,校园网络舆论呈现出多元、快速、复杂的特征。加强网络舆论监督,对于实现有效的舆论引导,营造积极健康的校园网络环境,具有至关重要的战略意义。

全面且深入地了解舆论状况,精准把握其发展态势,是发挥网络舆论积极作用的前提条件。网络舆论并非静态存在,而是一个动态的复杂系统。它不仅反映了言论表面的倾向,更蕴含着深层次的社会心理、价值观念的冲突与融合。从社会心理学角度来看,网络舆论是群体心理在虚拟空间的投射,受到群体认同感、从众心理等多种因素影响。

要深入洞察网络舆论,就需要穿透其表象,挖掘内在逻辑和潜在趋势。这要求我们不仅要关注舆论的外在表现形式,如话题热度、传播范围等,更要深入分析其背后的驱动因素,包括社会热点事件的引发、校园政策的制定及影响、学生群体的利益诉求等。同时,研究舆论的传播规律,如传播路径、扩散速度等,能够为制定科学有效的舆论引导策略提供坚实的理论与实践依据。只有这样,才能在复杂多变的网络舆论环境中,做到有的放矢,实现精准引导。

2. 了解大学生观点与认知的多元调研方法

大学生作为校园网络舆论的核心参与主体,他们对热点问题的见解以及对网络道德标准的认知,是舆论引导的关键切入点。在世界观、人生观、价值观形成的关键时期,由于大学生思维活跃,对新鲜事物充满好奇,热衷于在网络平台上表达观点、参与讨论。因此,通过多种渠道全面收集大学生的观点和认知,对于加强网络舆论监督至关重要。

问卷调查是一种广泛应用的调研方法,能够以标准化的方式大规模收集不同背景不同年龄大学生的观点。在问卷设计过程中,需充分考虑大学生的认知水平、心理特点和网络使用习惯。运用科学的量表和问题设置,如采用李克特量表测量学生对不同观点的认同程度,确保问卷具有较高的信效度。同时,在样本选取上,严格遵循随机抽样、分层抽样等统计学原则,涵盖不同学科门类、年级层次以及地域来源的学生,以保证所收集数据能够准确反映大学生群体的整体特征。通过对问卷数据的深入分析,运用统计学方法如因子分析、相关性分析等,能够揭示大学生在不同议题上的态度分布、认知差异以及潜在的价值取向。

在线访谈打破了传统访谈的时空限制,借助即时通信工具、网络视频平台等技术手段,为教育者与学生提供了实时、深入交流的机会。在访谈过程中,教育者需运用专业的访谈技巧,营造宽松、信任的氛围。例如,采用开放式问题引导学生自由表达观点,通过追问进一步挖掘其深层次想法。同时,观察学生在表达过程中的情绪变化、思维逻辑,这些非言语信息能够为深入理解学生的网络认知和行为模式提供丰富的素材。

焦点小组讨论作为群体互动式的调研方法,能够激发学生之间的思维碰撞。在组织焦点小组讨论时,精心设计讨论话题和流程至关重要。话题应紧密围绕校园网络舆论热点,具有启发性和争议性。在讨论过程中,通过学生们不同的观点相互交流、碰撞,能够呈现出群体智慧的结晶。通过对讨论内容进行整理与分析,运用内容分析法等研究方法,教育者可以深入了解大学生在网络热点事件中的态度形成机制、群体心理特征以及网络道德判断特点,为制定针对性的舆论引导策略提供有力支持。

3. 网络舆论监督作为引导效果的动态反馈机制

实时监测大学生在网络平台上的言论、互动等行为,能够及时捕捉舆论的细微变化,为调整引导策略提供依据。通过对学生网络行为的细致观察和分析,可以发现舆论引导过程中存在的问题。例如,在某一热点事件的讨论中,如果学生仅就片面观点进行集中传播,可能意味着引导内容未能全面、深入地剖析事件本质,无法满足学生对信息完整性的需求。从信息传播理论角度来看,信息的不完整容易导致受众产生片面理解,进而形成片面观点的传播。若互动行为呈现极端化倾向,则可能表明引导方式缺乏针对性和亲和力,未能有效触及学生的认知核心,难以引发学生的情感共鸣和理性思考。

运用网络舆情监测工具,借助大数据分析、自然语言处理等先进技术,能够对校园网络平台和社交媒体上的相关话题进行全方位、实时监测。这些工具可以对海量的网络文本进行自动筛选、分类和分析，提取关键信息，识别舆论热点和趋势。例如，通过情感分析技术判断学生言论的情感倾向，通过关键词提取技术确定舆论焦点。一旦发现潜在的负面舆情，则迅速启动相应的干预机制。可以通过发布权威解读，运用专业知识和事实依据澄清事实；组织专家评论，从专业角度引导学生正确看待问题；开展线上线下互动讨论，增强与学生的沟通交流，引导学生树立正确的价值观和舆论导向。

（二）过滤网络舆论信息

1. 不良网络舆论对大学生价值观的冲击

海量信息以新闻资讯、社交动态、娱乐内容等多元形式，以前所未有的速度和广度涌入大学生的视野。据相关数据统计，大学生每日接触网络信息的时长平均超过数小时，面对的信息数量数以千计。这一现象源于互联网技术的飞速发展，网络平台的开放性与便捷性使得信息传播门槛大幅降低，信息生产与流通呈几何级数增长。

大学生的年龄正处于价值观形成的关键阶段，其心理发展尚不完善，社会阅历有限，认知结构仍在构建之中。这一时期的他们，如同海绵吸水般对周围信息高度敏感且易于接纳。不良舆论信息在海量信息中暗流涌动，通过扭曲事实、宣扬极端思想、传播低俗内容等隐蔽方式，对大学生的思想防线发起冲击。

从心理学角度分析，大学生的认知发展具有阶段性特点，在面对复杂信息时，往往难以运用批判性思维进行深度剖析。不良舆论信息正是利用这一心理特点，通过情感诱导、片面叙事等手段，误导大学生形成错误认知。这些错误认知可能表现为对社会公平正义的误解、对个人与社会关系的偏差理解，进而导致行为失范。长期沉浸于不良舆论环境，会使大学生对正确的网络道德评价标准产生怀疑，降低对网络道德教育的认同感，从而严重阻碍其正确价值观的形成与健康人格的塑造。

2. 技术手段在过滤不良网络舆论信息中的应用

在当前网络技术条件下，虽无法实现对所有不良信息的绝对屏蔽，但借助先进技术手段构建多层次的信息屏蔽和过滤体系，能有效降低其负面影响。

内容识别算法作为信息过滤的核心技术，基于深度学习和自然语言处理等前沿技术，通过对海量文本、图像、音频等多模态信息的深度语义分析和特征提取,能够实现对不良内容的精准识别。以文本分析为例,算法通过对大量不良文本样本的学习,构建起复杂的语义模型,能够识别出隐藏在文字背后的不良意图和敏感信息。同时,结合图像识别技术,利用卷积神经网络对图像中的像素特征进行分析,能够准确判断图像是否包含暴力、色情等不良元素。

关键词过滤技术则是通过预设一系列与不良信息相关的关键词词库,对网络内容进行实时监测。这一技术在网络信息传播的实时性监控中同样发挥着重要作用,当检测到包含关键词的信息时,系统能够迅速做出反应,自动对其进行屏蔽或限制访问。此外,通过对关键词的动态更新和优化,也能够不断提高过滤的准确性和有效性。

多种技术手段的有机结合,形成了从内容识别到关键词筛选,再到多模态信息综合判断的多层次、全方位信息屏蔽和过滤体系。这一体系在信息传播的源头就进行精准拦截,为大学生营造了相对安全的网络信息环境。

3. 教育引导与媒介素养教育的重要性

对于存在片面观点、误导性言论的信息,单纯依靠技术手段难以从根本上解决问题,因此教育者的引导作用至关重要。教育者凭借其专业知识和教育权威,在信息过滤和引导中扮演着关键角色。

教育者可以通过发布权威解读、客观评论等方式,引导大学生从多个维度审视信息。在热点事件频发的网络环境中,教育者运用专业知识深入剖析事件背后的社会、政治、经济等多方面因素,帮助学生全面了解事件全貌。例如,在涉及社会热点的网络讨论中,教育者通过组织课堂讨论、开展专题讲座等形式,引导学生从不同学科视角分析问题,培养他们的批判性思维和理性分析能力。

加强对大学生的媒介素养教育是提升其信息免疫力的核心举措。媒介素养教育旨在培养大学生对网络信息的批判性思维和分析能力,使其能够主动、理性地对待网络信息。通过开设专门的媒介素养课程,向大学生系统传授信息传播的基本理论、信息分析的方法和技巧,以及网络信息的生产和传播机制。

在课程教学中,教师通过案例分析、小组讨论等互动式教学方法,引导学生运用所学知识对实际网络信息进行分析和评价。同时,举办专题讲座,邀请行业专家、媒体从业者分享网络信息传播的最新趋势和应对策略。此外,开展实践活动,鼓励学生参与信息创作、传播和评价的全过程,通过实际操作加深对媒介素养的理解和应用。

(三) 形成积极健康的舆论环境

1. 大数据算法助力大学生网络道德教育

在数字化教育浪潮奔涌的时代，大数据算法宛如一座蕴藏着无限潜力的宝藏，凭借其卓越的数据分析与预测效能，为精准剖析大学生网络行为以及实施个性化引导开辟了崭新路径，并带来了前所未有的契机。

大学生的网络活动呈现出多维度、复杂性的特征，涵盖访问内容、发表评论、跟帖互动等诸多方面。大数据算法犹如一位洞察入微的"网络侦探"，通过对这些海量且繁杂的数据进行深度挖掘与细致分析，能够精准锚定大学生的兴趣爱好、知识需求以及行为模式。它不仅能够敏锐捕捉学生在网络世界中的偏好倾向，还能智能甄别其行为所属类别，为后续的精准教育提供坚实依据。

基于这些精确分析成果，可以将网络道德内容信息靶向推送给学生，堪称提升教育效果的关键之举。这一过程极大地提高了教育内容与学生兴趣的契合度，使教育内容犹如磁石般吸引学生的目光，引发他们的高度关注。以对科技类话题情有独钟的学生为例，推送与之紧密相关的网络道德案例与规范，诸如科技领域里有关知识产权保护的复杂议题、数据隐私安全的前沿探讨等内容，能够巧妙地将教育内容融入学生热衷的兴趣领域，从而有效激发他们学习网络道德知识的内在动力，变被动接受为主动探索。

2. 舆论引导：新时代立德树人及学校实践

将舆论引导有机融入新时代立德树人的教育方式体系，绝非偶然之举，而是顺应时代发展大势、构建与时俱进的教育生态的必然抉择。立德树人，作为教育事业的核心使命，肩负着培育德才兼备、全面发展高素质人才的重任。在网络深度渗透社会生活各个层面的当下，良好的网络舆论环境已然成为塑造学生道德品质与价值观的关键外部因素。

学校作为教育的主阵地，承载着不可推卸的责任。应充分激活校园网络、主流媒体等教育载体的潜在能量，积极投身于优秀网络文化作品的创作，以弘扬正能量、树立新风尚为己任。在具体实践进程中，学校可从多个维度发力。

短视频，以其简洁直观、生动形象、内容丰富的独特魅力，宛如网络世界中的一颗璀璨流星，能够瞬间抓住学生的注意力。通过精心雕琢剧情、运用富有感染力的表现形式，短视频能够将抽象晦涩的网络道德观念巧妙转化为具体可感、引人入胜的故事。例如，制作一系列围绕诚实守信、文明上网主题的短视频，深入挖掘校园生活中的点滴故事，细腻展现网络道德行为所蕴含的重要意义与积极影响，以此引导学生树立正确的网络行为准则，让学生在轻松愉悦的氛围中悄然接受教育的熏陶。

漫画，以其幽默风趣、通俗易懂的特质，成为将抽象道德规范具象化的有效媒介。其生动活泼的表现形式，宛如一把钥匙，能够巧妙打开学生心灵之门，降低他们对道德教育可能存在的抵触情绪。学校可积极组织师生共同创作以网络道德为主题的漫画作品，借助夸张的艺术手法、妙趣横生的情节以及鲜明亮丽的色彩，将网络道德的具体要求直观地呈现在学生眼前，助力学生更深刻地理解与记忆网络道德知识。

网文则犹如一座知识的宝库，能够深入探究网络道德的理论内涵与实践要求，为学生搭建起深度思考的广阔平台。通过撰写逻辑严谨、案例丰富、分析透彻的高质量网络文章，引导学生对网络道德问题展开全面、深入地思索。网文内容可广泛涉猎网络伦理、网络法律、网络文化等多个领域，为学生构建起一套系统完备的网络道德知识体系，培育提升他们的理性思维与道德判断能力。

3. 多元活动推动大学生与校园舆论发展

除了上述方式，学校还可通过开展一系列丰富多彩的网络道德教育活动，进一步推动大学生网络道德素养的提升以及校园网络舆论环境的健康发展。

邀请专家学者、道德楷模等进行网络直播讲座，不失为一种极具影响力的教育方式。专家学者凭借其深厚的学术造诣、丰富的研究经验，犹如知识的灯塔，能够从理论高度深入解读网络道德的深刻内涵与重大意义；道德楷模则以自身真实可感、感人至深的亲身经历和故事，成为学生身边鲜活的榜样，激发学生向榜样看齐、积极践行网络道德的价值观。网络直播讲座打破了传统讲座在时间与空间上的重重限制，使更多学生能够跨越地域与时间的障碍，随时参与到学习中来，极大地拓展了教育的覆盖面与影响力，增强了教育的说服力与可信度。

开展网络道德主题征文、演讲比赛等活动，能够充分点燃大学生的参与热情，促使他们在创作与表达过程中深度思考网络道德问题，实现将所学知识内化为自身道德素养的升华。在征文比赛中，学生们以文字为画笔，细腻描绘自己对网络道德的独特理解与深刻感悟,深入挖掘网络道德的丰富内涵与多元价值;在演讲比赛中,学生们以语言为纽带,将自己的观点与理念传递给更多的人,不仅锻炼了自身的表达能力与思维能力,还在校园中营造出积极向上、充满活力的网络文化氛围。这些活动犹如春风化雨,滋润着学生的心灵,不仅促进了学生对网络道德知识的深入学习与扎实掌握,更为校园网络舆论环境注入了源源不断的正能量,推动其朝着健康、积极的方向蓬勃发展。

第六章 大学生网络道德教育的实施策略

第一节 传统教育方式与网络道德教育的结合

一、优势互补

（一）传统教育方式的独特优势

传统教育方式历经漫长岁月的沉淀与积累，在教育发展的历史长河中铸就了深厚的底蕴，其所蕴含的教育价值犹如陈酿的美酒，历久弥香。

1. 面对面讲授的深度价值

面对面讲授作为传统教育的核心形式之一，展现了教师丰富的知识储备与教学经验。教师凭借扎实且深厚的学识功底，能够将道德教育中那些抽象、晦涩的理念，巧妙地转化为生动、具体且易于学生理解的内容。这一过程绝非简单的知识传输，而是教师依据教育心理学原理，精准把握学生的认知特点与思维规律，精心雕琢教学内容与表达方式的艺术创作。

教师在课堂上的语言表达，犹如灵动的音符，不仅是信息的简单输出，更是情感的细腻传递。生动且富有感染力的语言，如同春风化雨，能够激发学生内心深处的情感共鸣，使他们以更加积极主动的姿态投身于道德教育的学习之中。与此同时，教师的表情、肢体动作等非言语信息，在教学过程中也发挥着不可小觑的作用。从非言语沟通理论的视角审视，这些非言语信号宛如辅助言语表达的得力助手，能够增强信息传递的准确性与完整性。例如，教师那充满鼓励的眼神，恰似熠熠生辉的灯塔，给予学生心灵上的慰藉；微笑的表情，犹如温暖的阳光，照亮学生的内心世界；肯定的手势，仿若激昂的战歌，增强学生的学习自信心。

2. 案例分析的多元功效

案例分析作为传统教育方式的重要组成部分，犹如一座连接理论与实践的桥梁，通过引入真实且贴近大学生生活的事例，为学生搭建起一个理论联系实际的广阔平台。

在道德教育领域，真实案例宛如一面镜子，能够让学生直观地感受到道德问题在现实生活中的复杂性与多样性。教师引导学生深入剖析案例中的道德困境，犹如带领学生在错综复杂的道德迷宫中探索前行。运用伦理学、社会学等多学科知识和分析方法，培养学生批判性思维和逻辑推理能力，使他们学会从不同角度审视道德问题，进而提升其分析与解决实际道德困境的能力。

在案例讨论环节，学生之间的思想碰撞遵循群体动力学原理，不同观点的交流与碰撞恰似璀璨的火花，能够打破个体思维的局限，拓宽彼此的思维视野。这种互动式学习不仅深化了学生对道德准则的理解，还如同精心培育的土壤，滋养着学生的合作学习能力和沟通技巧茁壮成长。

（二）网络道德教育的独特魅力

随着信息技术的飞速发展，网络道德教育以其独特的魅力，为道德教育注入了新的活力。

1. 在线学习的灵活性与自主性

在线学习作为网络道德教育的主要形式之一，宛如一把神奇的钥匙，彻底打破了时间与空间的限制，这一特性与建构主义学习理论高度契合。学生不再受困于固定的课堂时间和地点，犹如自由的飞鸟，能够根据自身的学习进度、生活节奏以及学习兴趣，灵活自主地选择学习内容和学习时段。这种个性化学习模式充分尊重学生的个体差异，如同量身定制的教育方案，满足了不同学生的学习需求，从而有助于提高学生的学习自主性和学习效果。

2. 网络学习资源的丰富多样性

网络学习资源的丰富多样性堪称网络道德教育的一大亮点，它犹如一座知识的宝库，汇聚了无数的智慧结晶。视频讲座犹如知识的盛宴，汇聚了各领域专家学者的智慧光芒。他们以深入浅出的讲解方式，为学生呈现道德教育的前沿理论和实践成果，引领学生领略道德教育领域的广阔天地。动画演示则通过生动形象的画面和有趣的故事情节，将抽象的道德概念转化为易于理解的视觉信息，如同用五彩斑斓的画笔描绘出道德的画卷，符合大学生的认知特点和学习偏好。互动课程借助先进的网络技术，实现了学生与课程内容、学生与教师、学生与学生之间的实时互动，犹如搭建了一个充满活力的学习社区，增强了学生的参与感和学习积极性。

3. 虚拟实践的创新探索

虚拟实践为网络道德教育开辟了全新的实践探索空间，犹如为学生打开了一扇通往未知世界的大门。在虚拟环境中，学生能够模拟真实场景进行道德决策，这一过程涉及道德认知、道德情感和道德行为的综合体验。通过虚拟现实技术、增强现实技术等手段，学生仿佛身临其境般置身于真实的道德情境中，亲身根据所学的道德知识和价值观做出行为选择。这种实践方式不仅能够检验学生的道德判断能力，还能让他们在无现实后果压力的情况下，更加自由地探索不同的道德选择及其可能产生的影响，从而深化对道德原则的理解和应用。同时，虚拟实践也为教师提供了观察学生道德思维过程和行为模式的宝贵机会，有助于教师进行有针对性地指导和教育，如同为教师提供了一本了解学生内心道德世界的指南。

（三）两者有机结合的策略与意义

在教育实践中，将传统教育方式与网络道德教育有机结合，能够产生相得益彰的效果。

1. 传统课堂引入网络资源的策略与价值

在传统课堂讲授中引入网络资源，犹如为传统课堂注入了一股清泉，能够极大地丰富教学内容的广度和深度。例如，播放相关的网络视频案例，这些案例可以源自社会热点事件、学术研究成果或实际生活中的道德故事。通过生动的画面和真实的情节，为学生提供更加直观的学习素材，使抽象的道德知识变得鲜活起来。教师在播放视频后再组织学生进行讨论和分析，引导学生运用所学的道德理论知识对案例进行解读，犹如引导学生在道德的海洋中扬起思考的风帆，提高学生的批判性思维和分析问题的能力。

2. 利用网络平台延伸课堂教学的策略与价值

利用网络平台布置课后作业与讨论话题，犹如搭建了一座跨越时空的学习桥梁，能够有效地延伸课堂教学的时间与空间。网络平台具有即时性、互动性和开放性的特点，学生可以在课后随时提交作业、参与讨论，与教师和同学进行交流。教师通过网络平台能够及时了解学生的学习情况和困惑，给予他们针对性地指导和反馈。这种线上线下相结合的教学模式，打破了传统教学的时空限制，促进了学生的持续学习和深入思考，如同为学生的学习之路点亮了一盏永不熄灭的明灯。

3. 网络学习中安排线下辅导与交流活动的策略与价值

在网络学习中，安排定期的线下辅导与交流活动至关重要。尽管网络学习提供了便捷的学习方式，但缺乏面对面的情感交流和直接的互动体验。定期的线下辅导活动为教师与学生提供了面对面沟通的机会，教师可以通过观察学生的表情、肢体动作等非语言信息，深入了解学生的学习状态和心理需求，及时解答学生在网络学习过程中遇到的问题和困惑。同时，线下交流活动也有助于增强师生之间的情感联系，营造良好的教学氛围，弥补网络学习中情感交流不足的缺陷。

二、整合路径

（一）传统教材内容数字化

随着信息技术的迅猛发展，数字化浪潮席卷教育界，将传统纸质教材转化为电子文档不仅是一种顺应潮流的选择，而是教育现代化进程中不可或缺的关键步骤，是教育发展的必然走向。这一数字化转型过程绝非简单的文本扫描与格式转换这般浅层次操作，而是一场运用前沿数字化技术对教材内容进行深度雕琢与优化升级的系统工程。另外，高精度扫描技术作为数字化的开篇之举，发挥着至关重要的作用。通过这一技术，纸质教材中的文字、图片等各类内容能够以极高的清晰度和完整性转化为电子图像，宛如为教材内容披上了一层数字化的"外衣"，确保原始信息毫无遗漏地得以保存。

光学字符识别（OCR）技术接力登场，对扫描生成的电子图像中的文字进行精准识别与转换。这一技术宛如一位敏锐的"文字翻译官"，将图像中的文字转化为可编辑的文本格式，为后续的排版与编辑工作奠定了坚实基础。在排版环节，需充分遵循数字化阅读的独特特点与规范准则。数字化阅读与传统纸质阅读在阅读习惯、视觉体验等方面均存在显著差异，因此要对文本进行重新布局与精心设计。从字体的选择、字号的大小，到段落的间距、页面及背景的色彩搭配等，每一个细节都需经过深思熟虑，旨在全面提高电子教材的可读性与美观度，为学习者打造舒适、愉悦的阅读体验。

  为了进一步丰富教材内容的呈现形式，使其更具吸引力与感染力，多种多媒体元素的融入必不可少。图片作为直观的视觉信息载体，犹如教材内容的"点睛之笔"，能够极大地增强教材内容的表现力。在收集图片时，需广泛涉猎与教材内容紧密相关的各类高质量素材，如承载时间记忆的历史图片、生动诠释实际案例的案例图片、精准呈现数据关系的图表等。将这些图片巧妙地插入到相应的文本位置，就如同在知识的长河中点缀了颗颗璀璨的明珠，帮助学生跨越抽象概念与复杂内容的理解障碍，使知识变得更加直观易懂。

  音频元素的引入则为学生开辟了多样化的学习路径。录制教材重点内容的朗读音频，如同为学生配备了一位随时相伴的"知识朗读者"。学生可以在上下学途中、运动健身时等碎片化时间里，充分利用这些音频资源进行学习。这种学习方式打破了时间与空间的限制，让学习变得更加灵活自由，使学生能够在轻松愉悦的氛围中汲取知识的养分。

  视频元素的加入更是为教材内容注入了鲜活的生命力。制作与教材章节紧密相关的讲解视频、案例分析视频、实验演示视频等，通过动态的画面与生动的配音相结合，将抽象的知识以栩栩如生的方式呈现出来。例如，在物理教学中，通过演示实验视频，学生可以清晰地观察到复杂的物理实验过程，理解物理原理在实际操作中的应用；在历史教学中，讲解视频能够生动地再现历史事件的背景、经过与影响，让学生仿佛穿越时空，身临其境感受历史的魅力。这些视频资源如同知识的"魔法盒子"，帮助学生更好地攻克重点和难点知识，提升学习效果。

  数字化教材在网络教学平台上发布后，实时更新的优势得以充分彰显。传统纸质教材由于有编写、印刷、发行等诸多环节，更新周期相对较长，往往难以紧跟知识的快速迭代与社会的瞬息万变。而数字化教材凭借其数字化的特性，能够根据学科领域的最新研究成果、社会热点事件以及教育教学的实际需求，实现内容的及时更新与修订。教师借助网络教学平台的后台管理系统，如同掌控了知识更新的"魔法棒"，可以轻松上传新的内容、修改已有内容。这一便捷的操作方式能确保教材内容始终与时代发展同步，保持时效性和准确性，为学生源源不断地提供最新、最权威的学习资源，使学生能够始终站在知识的前沿，紧跟时代步伐。

（二）网络教学平台与课堂教学相结合

网络教学平台与课堂教学的有机结合，构成了整合传统教育资源与网络教育资源的核心路径，这一融合模式犹如将两把教育的"利刃"合二为一，充分发挥两者的独特优势，实现优势互补，为教育教学带来全新的活力与效能。

在课堂教学前，教师充分利用网络教学平台发布预习资料，这一举措深刻体现了以学生为中心的现代教学理念。课程大纲作为预习资料的重要组成部分，犹如一幅详尽的知识地图，为学生勾勒出课程内容的整体框架与学习目标。它不仅让学生对课程的学习方向有清晰明确的认识，更如同为学生指引了一条探索知识宝藏的路线，使学生在预习过程中有章可循、有的放矢。相关文献的提供则为学生打开了一扇通往学科前沿的窗户，拓宽了学生的知识面。这些文献涵盖了学科领域的最新研究成果、发展动态以及不同学术观点之间的碰撞，引导学生跳出教材的局限，领略学科知识的广袤天地，从而激发学生对知识的探索欲望和学术研究的兴趣。

预习问题的精心设置更是其中的关键环节。这些问题犹如知识海洋中的"导航灯塔"，具有极强的启发性和引导性。它们不是简单的知识问答，而是经过深思熟虑设计的思维触发器，旨在激发学生的深度思考和主动探索欲望。通过思考这些问题，学生能够逐渐培养自主学习能力，学会独立分析问题、寻找解决问题的方法，为课堂学习做好充分的知识和思维准备。学生通过自主学习预习资料，对即将学习的内容有了初步的了解和认识，带着这些思考和疑问进入课堂，能够更加有针对性地参与课堂学习，从而显著提高课堂教学的效率。

在课堂教学中，教师以学生的预习掌握情况为重要教学依据，进行重点讲解与难点突破。网络教学平台的数据分析功能犹如教师的"智慧助手"，为教师提供了全面而细致的学生预习信息。通过这一功能，教师能够精准了解学生在预习过程中遇到的问题和困惑，以及对不同知识点的掌握程度。基于这些翔实的数据，教师如同一位经验丰富的舵手，能够灵活调整教学策略，对学生普遍存在疑问的重点和难点内容进行深入剖析和详细讲解。

在讲解过程中，教师充分借助网络教学平台上的丰富资源，如生动的相关案例、精彩的视频、直观的图片等，将抽象的知识具象化，再以更加生动、直观的方式在教学中呈现出来。例如，在讲解经济学原理时，教师通过引入实际生活中的经济案例，让学生深刻理解经济理论在现实生活中的应用；在讲解生物进化过程时，播放相关的科普视频，使学生仿佛亲眼看见生物进化的漫长历程。这些丰富的资源如同知识的"调味剂"，让课堂变得更加生动有趣，帮助学生更好地理解和掌握知识。

同时，教师还应积极组织学生进行课堂讨论和互动活动，营造活跃的课堂氛围。在讨论过程中，教师鼓励学生分享自己的预习成果和思考过程，促进学生之间的思想交流与碰撞。这一过程犹如一场知识的"头脑风暴"，不同学生的观点和见解相互启发、相互补充，不仅拓宽了学生的思维视野，更培养了学生的合作学习能力和批判性思维能力。学生在交流中学会倾听他人的意见，学会从不同角度思考问题，学会对既有观点进行质疑和反思，从而不断提升自己的综合素质。

课后，教师继续借助网络教学平台布置作业、开展讨论、进行在线答疑，全方位巩固学生所学知识。网络教学平台提供的多样化考核形式，如在线测试、论文提交、小组项目等，犹如一套全面的"知识检测工具"，能够从不同维度考查学生对知识的掌握程度和应用能力。在线测试能够及时反馈学生对基础知识的掌握情况，帮助学生发现自己的知识漏洞；论文提交则要求学生对所学知识进行深入思考和系统整合，培养学生的学术写作能力和独立研究能力；小组项目鼓励学生相互协作，共同解决实际问题，提升学生的团队合作能力和实践操作能力。学生通过完成这些作业，能够进一步巩固所学知识，提高解决问题的能力。

讨论活动区为学生搭建了一个广阔的交流和分享平台。学生可以围绕课程相关的话题展开深入讨论，无论是对课堂知识的进一步探讨，还是对学科前沿问题的大胆设想，都可以在这里畅所欲言。在讨论过程中，学生不仅能够加深对知识的理解，还能学会从不同视角看待问题，拓宽思维视野。教师积极参与讨论，如同一位智慧的"引导者"，及时了解学生的学习情况和思想动态，再给予针对性地指导和反馈，确保学生在讨论中能够不断进步。

在线答疑功能则为学生提供了及时解决问题的便捷通道。学生在学习过程中遇到任何疑问，都可以通过网络教学平台向教师提问，教师也能够迅速回复，犹如为学生点亮一盏明灯，帮助学生驱散知识的迷雾，确保学生的学习顺利进行。此外，网络教学平台的数据分析功能为教师提供了丰富的教学决策依据。通过深入分析学生的学习进度、作业完成情况、参与讨论的积极性等多维度数据，教师能够如同绘制一幅精准的学生学习画像，全面了解每个学生的学习特点和需求。基于这些细致入微地了解，教师能够实现因材施教，为不同学生提供个性化的教学服务。例如，对于学习进度较慢的学生，教师可以提供详细的个性化学习建议和有针对性的辅导，帮助他们逐步跟上教学进度；对于学习积极性不高的学生，教师可以通过鼓励和引导，激发他们的学习兴趣，挖掘他们的学习潜力并提高他们的积极性。

（三）整合师资资源与技术资源

整合传统教育中的师资资源与网络教育中的技术资源，无疑是推动传统教育与网络道德教育深度融合的关键枢纽，这一整合举措犹如为教育的发展注入了强大的动力引擎，引领教育迈向新的高度。

教师作为教育教学的核心力量，其网络教学能力的提升程度直接决定着教育资源整合的成效。组织教师参加网络教学培训成为提升教师网络教学能力的重要战略途径。培训内容应构建一个全面、系统且深入的知识提升体系，涵盖网络教学平台的使用方法、教学设计与开发、网络教学工具的应用、信息技术与课程整合等多个关键领域。

在网络教学平台使用方法的培训中，教师需要深入了解平台的各项功能模块，熟练掌握从课程创建、资源上传到教学活动组织、学生管理等一系列操作流程。这不仅要求教师能够熟练运用平台的基本功能，还需掌握一些高级技巧：如何利用平台的数据分析功能优化教学过程，如何通过平台与学生进行高效沟通与互动等。

教学设计与开发能力的培养是培训的核心内容之一。教师要学会根据网络教学的独特特点和学生的多样化需求，精心设计出科学合理的教学方案和丰富多元的教学内容。在网络教学环境下，教学过程不再受传统课堂时间与空间的限制，教学方式更加灵活多样。教师需要充分考虑这些因素，合理安排教学环节和教学方法，如采用线上线下混合的教学模式，将面对面教学的互动性与线上教学的灵活性有机结合；运用项目式学习方法，让学生通过完成实际项目的过程中，领悟并掌握知识和技能；开展探究式学习活动，激发学生的自主探索精神和创新思维能力。通过这些多样化的教学模式，满足不同学生的学习需求，提高教学的针对性和实效性。

网络教学工具的应用培训旨在让教师熟练掌握各类先进的教学工具，如在线直播软件、互动教学软件等。这些工具犹如教师手中的"魔法道具"，能够为教

第六章 大学生网络道德教育的实施策略

学活动增添更多的趣味性和互动性。例如，在线会议软件可以实现实时远程教学，教师可以跨越地域限制与学生进行面对面的交流；互动教学软件则提供了丰富的互动功能，如在线投票、抢答、小组讨论等，这能够极大地提高学生的参与度和学习积极性。

信息技术与课程整合能力的提升是培训的重要目标之一。教师要深刻理解信息技术在道德教育课程中的重要作用，学会将信息技术有机融入教学的各个环节。例如，利用多媒体资源丰富教学内容，通过生动有趣的图片、视频、音频等素材，将抽象的道德观念具象化，增强教学的感染力和吸引力；通过网络平台开展互动教学，组织学生进行在线讨论、角色扮演等活动，培养学生的道德判断能力和实践能力；运用数据分析技术深入了解学生的学习情况，为每个学生提供个性化的学习支持和指导，提高教学的有效性和针对性。

邀请网络技术专家与教育专家携手合作，共同开发适合道德教育的网络教学软件与平台，是优化网络教学环境的关键举措。网络技术专家凭借其深厚的技术功底和丰富的开发经验，犹如建筑大师一般，为网络教学软件与平台的开发构建坚实的技术支持和全方位的保障。他们熟练运用云计算、大数据、人工智能等前沿技术，对网络教学平台进行精心雕琢和优化。云计算技术为平台提供强大的计算能力和存储资源，确保平台能够稳定运行，处理大量的用户请求；大数据技术则帮助平台收集和分析学生的学习数据，为个性化学习和智能辅导提供数据支持；人工智能技术赋予平台智能化的特性，如智能答疑、智能评价等功能，能够根据学生的学习情况提供精准的指导和反馈。

教育专家则从教育教学的专业视角出发，如同教育领域的"领航者"，对网络教学软件与平台的设计和开发提出高瞻远瞩的专业建议和细致入微的指导。他们紧密围绕道德教育的目标、内容和方法，结合学生的认知特点和学习需求，精心设计出符合教育教学规律的教学模块和功能。例如，构建丰富的道德案例文件库，通过真实生动的案例引导学生思考道德问题，培养学生的道德认知和判断能力；设立活跃的在线讨论区，鼓励学生分享自己的道德观点和体验，促进学生之间的思想交流和道德成长；打造逼真的虚拟实践场景，让学生在模拟的现实情境中进行道德实践，提高学生的道德行为能力。

第二节 校园文化建设对网络道德教育的影响

一、高校校园文化建设对网络道德教育的积极影响

（一）营造良好网络道德教育氛围

高校校园文化作为一种独特的亚文化形态，在大学生的成长与发展过程中扮演着至关重要的角色，其对于网络道德教育氛围的营造有着深远且积极的影响。从本质上来说，高校校园文化是学校在长期的办学实践中所形成的精神财富与物质成果的总和，它涵盖了价值观念、行为准则、文化传统等多个层面，宛如一座熠熠生辉的精神灯塔，为网络道德教育照亮前行的道路，营造出积极向上且充满正能量的浓厚学习氛围。

丰富多元的校园文化活动是校园文化的生动展现形式。主题鲜明的文化节犹如一场盛大的文化盛宴，将艺术、文学、历史等多元元素融为一体，为学生提供了广阔的文化体验空间。在文化节中，学生们通过参与各类活动，如民俗文化展览、书法和美术作品展示、经典文学作品朗诵等，深入领略不同文化的独特魅力，从而在潜移默化中接受正确价值观与道德观念的熏陶。学术讲座则是知识与思想碰撞的舞台，专家学者们凭借其深厚的学术造诣和丰富的实践经验，围绕学术前沿问题、社会热点话题等展开深入探讨。这些讲座不仅拓宽了学生的知识面，更引导学生树立正确的学术态度和价值取向。这种浓厚的校园文化氛围具有强大的辐射力，能够自然地延伸至网络空间。在网络环境日益成为学生生活重要组成部分的当下，校园文化所传递的道德理念和价值追求如同春风化雨，滋润着学生的心田，引导他们在网络活动中自觉遵循道德规范。以校园内定期举办的以诚信为主题的文化活动为例，通过多种形式的精心策划，旨在强化学生对诚信这一重要道德品质的认知。演讲环节中，学生们以真挚的情感和生动的事例，阐述诚信在个人成长、社会交往以及学术研究中的重要意义，激发听众内心对诚信的崇尚之情。征文活动则给予学生一个深入思考和表达的平台，使他们在撰写文章的过程中，对诚信的内涵和外延进行深入挖掘，并进一步加深对诚信的理解。

当学生带着在这种校园文化氛围中形成的诚信意识进入网络世界，诚信便成

为他们网络行为的内在准则。在网络交流中，他们尊重他人的言论自由，真诚地与他人沟通交流，避免传播不实信息和谣言，维护网络空间的真实与和谐。在网络学习方面，他们秉持诚信原则，独立完成学习任务，不抄袭、不剽窃他人成果，以严谨的态度对待网络学习资源。这种在校园文化教育滋养下形成的诚信意识，有效地减少了网络虚假信息传播、网络著作抄袭等不道德行为的发生，为网络道德教育奠定了坚实的思想基础，使网络道德教育在良好的氛围中得以顺利开展。

（二）提供丰富网络道德教育资源

校园文化中的诸多元素，如校训、校史、名人故事等，都承载着学校的办学理念、发展历程和精神传承，经过精心挖掘和加工，能够转化为极具价值的网络道德教育素材。

校训作为高校校园文化的核心精神标识，言简意赅却蕴含着深刻的道德教诲和价值追求。它是学校对学生的殷切期望和行为规范的集中体现，如清华大学的校训是"自强不息，厚德载物"，深刻诠释了一种积极进取、品德高尚的人生态度。将校训融入网络道德教育中，再通过制作富有创意的网络宣传海报、短视频等形式，向学生传递校训所蕴含的道德理念，能够引导学生在网络生活中时刻以校训为指引，坚守道德底线，追求卓越品质。

校史是高校发展的生动记录，许多高校都有着波澜壮阔、辉煌灿烂的发展历程。在这段历史长河中，再涌现出无数先辈们坚守道德底线、为学术和社会无私奉献的动人故事。这些故事不仅是学校的宝贵财富，更是网络道德教育的生动教材。例如，某高校的一位老教授，在艰苦的科研条件下，始终坚持实事求是的科学精神，拒绝学术造假，经过多年不懈努力最终取得了重大科研成果，为学校和社会做出了杰出贡献。将这样的校史故事制作成网络视频、电子读物等多样化的教育资源，然后以生动形象的方式呈现给学生，能够让他们深刻感受到先辈们的高尚品德和坚定信念，从而在网络生活中自觉传承和弘扬这些优秀道德品质。

校园中的名人故事同样具有重要的教育价值。这些名人或是在学术领域取得卓越成就，或是在社会公益事业中发挥重要作用，他们的人生经历和道德风范为学生树立了榜样。通过讲述这些名人故事，能够激励学生在网络世界中积极传播正能量，以榜样的力量引领自己的网络行为。

校园文化中的学术文化成果，如学术研究报告、优秀论文等，也为网络道德教育提供了独特的资源。在网络学习日益普及的今天，这些学术成果能够引导学生树立正确的学术道德观念。学生在接触这些高质量的学术资源时，能够深刻体会到学术研究的严谨性和规范性，从而认识到尊重知识产权的重要性。他们会明白，在网络学习中，引用他人的研究成果必须遵循学术规范，注明出处，坚决抵制学术不端行为。这种基于校园文化学术成果的网络道德教育，有助于培养学生的学术诚信意识，营造健康的网络学术环境。

（三）增强网络道德教育的吸引力

校园文化所倡导的创新精神和个性化发展理念，犹如春天里一股清新的风，为网络道德教育注入了新的活力与生机，鼓励教育者突破传统教育模式的束缚，以新颖独特的方式开展网络道德教育。

在当今数字化时代，由于学生的学习方式和兴趣爱好发生了深刻变化，传统枯燥的说教式道德教育方式已难以满足他们的需求。而高校校园文化中的艺术元素，为网络道德教育提供了丰富的创意源泉。动漫作为一种深受学生喜爱的艺术形式，以其夸张的表现手法、丰富的想象力和生动的画面，能够将抽象的网络道德教育内容转化为具体可感的形象。例如，制作以网络文明为主题的动漫作品，通过塑造可爱的动漫角色，讲述他们在网络世界中的冒险故事，其中融入文明上网、尊重他人隐私等道德教育内容。这种富有创意的动漫作品能够迅速吸引学生的注意力，让他们在轻松愉快地观看过程中接受网络道德教育。

短视频则以其简洁明了、传播迅速的特点，成为网络道德教育的有力工具。教育者可以利用校园文化中的各种素材，如校园活动的精彩瞬间、学生的优秀事迹等，制作成短视频，在网络平台上广泛传播。这些短视频以其生动有趣的表现形式，能够在短时间内抓住学生的眼球，激发他们对网络道德教育的兴趣。例如，制作一个关于校园志愿者活动的短视频，展示学生们在活动中互帮互助、奉献爱心的场景，传递团结友爱、乐于助人的道德观念，引导学生在网络生活中也积极践行道德价值观。

与传统枯燥的道德说教相比，这种基于校园文化创意的网络道德教育方式具有显著优势。它打破了传统教育的时空限制，使学生能够随时随地通过网络平台获取道德教育资源。同时，这种方式更加贴近学生的生活实际和兴趣爱好，能够让学生更主动地参与到学习过程中。当学生被这些富有创意的网络道德教育作品所吸引时，他们不再是被动地接受知识，而是会积极主动地思考和探索网络道德问题，从而提高网络道德教育的效果。这种积极参与的学习过程，有助于培养学生的自主学习能力和道德判断能力，使他们在面对复杂多变的网络环境时，能够自觉运用所学的道德知识，做出正确的行为选择，真正实现网络道德教育的目标。

二、高校校园文化建设对网络道德教育可能产生的消极影响

（一）校园文化多元性带来的价值冲突

1. 多元文化汇聚背景下的校园文化格局

不同国家、不同民族的文化得以跨越地理界限，在世界范围内广泛传播与交流。与此同时，随着信息技术的飞速进步，信息的传递突破了时间与空间的限制，使得各种文化思潮与价值观念能够以极快的速度涌入高校校园。这种多元文化的大规模汇聚，对高校校园文化格局产生了极为深远且复杂的冲击和影响。从积极的方面来看，它极大地丰富了校园文化的生态系统。不同文化背景下的思想、观念、艺术形式等相互碰撞、交融，为学生提供了一个广阔无垠的视野平台。学生们可以接触到来自世界各地的先进知识、前沿理念，拓宽了自己的认知边界。同时，多元文化的交流也为学生创造了丰富的思维碰撞契机，激发了他们的创新思维与创造力，使他们能够从不同的视角去思考问题，培养出更加全面、多元的思维方式。然而，我们也必须清醒地认识到，多元文化的汇聚也给校园文化环境带来了诸多挑战。各种文化思潮与价值观念相互交织、相互冲突，使得校园文化环境变得错综复杂。不同文化所秉持的价值观、道德观、行为准则等存在着显著差异，这无疑增加了高校文化管理与引导的难度。高校需要在尊重文化多样性的基础上，积极探索有效的管理策略，引导学生正确认识和对待多元文化，避免因文化冲突而产生混乱与迷茫，确保校园文化朝着积极健康的方向发展。

2. 学生在多元价值观冲击下的道德困境

处于青少年时期的学生，正处于价值观形成的关键阶段。这一时期，他们的心理和认知发展尚处于不断完善的过程中，尚未达到成熟稳定的状态。在心理层

面，他们的情绪较为敏感且波动较大，容易受到外界因素的影响；在认知层面，他们的思维方式逐渐从具体形象思维向抽象逻辑思维过渡，但批判性思维和价值判断能力仍有待进一步培养和提高。

在网络环境日益普及的当下，学生们通过各种网络平台接触到海量的信息，其中包含着各种各样相互冲突的价值观。这些价值观来源广泛，既有来自不同国家和民族的文化传统，也有受到社会现实、经济发展等因素影响而产生的新兴观念。面对如此繁杂的价值观体系，学生们往往感到无所适从，难以凭借自身有限的认知能力和经验分辨其中的是非对错。这种价值判断的迷茫状态，使得学生在网络行为中极易陷入道德困境。由于缺乏明确的道德指引，他们在面对网络上纷繁复杂的信息和诱惑时，很容易受到不良价值观的侵蚀。例如，一些宣扬个人主义至上、金钱至上等观念的信息，可能会误导学生过分关注个人利益，忽视他人权益和社会责任。

3. 网络社交场景中不良行为的具体表现及危害

在网络社交平台日益成为学生社交生活重要组成部分的今天，部分受个人主义严重侵蚀的学生在网络社交中会出现一系列不良行为。这些学生过度关注个人利益，将自身需求置于他人和集体之上，在网络社交中表现出强烈的自我中心倾向。在发表言论或参与互动时，他们往往罔顾他人感受和集体利益。为了满足自己的情绪宣泄需求，他们可能会在网络上随意发表偏激、具有攻击性的言论，不顾及这些言论可能对他人造成的伤害。例如，在一些校园论坛或社交媒体群组中，当遇到与自己观点不一致的情况时，他们不是通过理性地讨论和交流来解决问题，而是采取言语攻击的方式，试图压制对方，以维护自己所谓的"正确性"。更为严重的是，网络暴力成为这种不良行为的极端表现形式。一些学生通过言语攻击、恶意诋毁、侮辱谩骂等手段，对特定的对象进行有组织、有计划地攻击。这些攻击行为往往具有很强的针对性和伤害性，通过网络的快速传播，通常会给受害者带来巨大的心理压力和精神创伤。受害者可能会出现焦虑、抑郁、自卑等心理问题，甚至影响到他们的正常学习和生活。

在网络竞争和利益争夺的场景中，一些学生为达到个人目的，不惜采用不正当手段。在网络学习平台上的评优评先活动、网络竞赛等情境中，部分学生为了获取荣誉或利益，恶意破坏他人声誉和形象。他们可能会编造虚假信息、传播谣言，对竞争对手进行抹黑和诋毁。这种行为严重扰乱了网络社交秩序，破坏了公平竞争的环境，违背了基本的网络道德准则。这不仅损害了其他学生的合法权益，也对整个校园网络文化的健康发展产生了负面影响，使得网络空间充满了不信任和恶意，阻碍了学生之间积极健康的交流与合作。

（二）校园文化建设滞后带来的教育脱节

1. 理念层面

传统的校园文化建设理念深深植根于过往相对封闭、静态的教育环境，在很大程度上侧重于单向的知识传授和道德灌输。这种理念秉持着规范性和统一性的原则，试图将学生塑造成为符合特定标准的同质化个体。它强调按照既定的模式和规范，对学生进行知识的填充和道德准则的强行植入，期望学生能够整齐划一地遵循特定的行为模式和价值取向。在这种理念的主导下，校园文化建设往往呈现出一种较为刻板、僵化的形态。传统教学过程以教师为中心，学生则是被动的接受者，缺乏主动参与和自主思考的空间。道德教育也多以教条式的宣讲为主，缺乏与学生实际生活和内心需求的深度关联，使得学生在面对复杂多变的现实世界时，难以将所学的道德知识内化为自身的行为准则。然而，网络时代成长起来的学生置身于一个信息爆炸的独特环境之中。在这个环境里，信息技术的飞速发展使得海量的信息如潮水般涌来，学生们随时随地都能通过各种智能设备获取到来自全球各地的知识和观点。这使得他们的思维变得异常活跃，好奇心和探索欲被极大地激发出来。他们不再满足于被动地接受知识，而是积极主动地去探索未知领域，追求个性化的学习体验和知识获取方式。

网络时代的学生凭借广泛且迅速的信息获取渠道，能够接触到多元的文化、思想和价值观。这种多元性使得他们对精神层面的需求呈现出鲜明的个性化和多样化特征。他们渴望在校园文化中找到能够彰显自身独特性、满足自身兴趣爱好的元素，追求与众不同的精神体验和成长路径。

传统的校园文化建设理念在面对网络时代学生这些新需求时，显得力不从心。由于其过于强调统一性和规范性，忽视了学生的个性差异和多元需求，难以激发学生在校园文化活动中的主动性和创造性。学生在这种理念主导的校园文化环境中，往往感到压抑和束缚，无法充分展现自己的潜力和才华。以传统校园文化活动为例，这些活动以教师或学校组织为主导，学生在整个过程中处于被动参与的状态。活动形式往往局限于传统的讲座、文艺会演、运动会等，内容也相对单一，缺乏创新性和吸引力。这些活动通常未能充分考虑学生的兴趣爱好和实际生活经验，与学生在网络世界中所接触到的丰富多样的信息和文化形成了鲜明的反差。由于活动形式和内容与学生的兴趣和实际生活缺乏紧密联系，学生在参与过程中很难产生情感共鸣，更难以全身心地投入其中。这种被动参与的状态不仅无法真正触及学生的内心世界，还使得校园文化在网络道德教育中的引导作用大打折扣。校园文化本应是培养学生良好道德品质和行为习惯的重要阵地，但由于传统理念与学生需求的不匹配，使得校园文化在网络时代的教育功能未能得到充分发挥，从而无法为学生提供有效的精神指引和道德支撑。

2. 方法层面

网络的普及如同一场颠覆性的革命，全方位地改变了学生的学习、生活和社交方式。在当今数字化时代，网络已经深度融入学生的日常生活，成为他们获取信息、社交互动和自我表达的主要平台。

在学习方面，学生不再局限于传统的课堂教学和书本知识，而是更倾向于通过在线学习平台、教育类 App 等网络工具，自主选择学习内容和学习时间，获取更加丰富和前沿的知识资源。在生活中，网络购物、在线娱乐等应用让学生的生活变得更加便捷和多样化。在交流方面，社交媒体、即时通信工具等网络平台打破了地域限制，使学生能够轻松地与世界各地的人进行沟通和交流，分享自己的想法和感受。然而，一些高校在校园课程建设过程中，未能充分认识到网络对学生行为方式和需求的深刻影响，仍然过度依赖传统的线下活动、课堂讲授等方式。然而这些传统方法在网络时代的局限性日益凸显。

传统的线下活动，如校园展览、社团活动等，虽然具有一定的直观性和互动性，但受到时间和空间的严格限制。学生需要在特定的时间和地点参与活动，这对于生活节奏快、时间安排灵活的网络时代学生来说，往往存在诸多不便。而且，线下活动的参与人数有限，信息传播范围相对狭窄，难以满足大量学生的需求。

课堂讲授作为传统教育方法的重要组成部分，通常以教师为中心，学生处于相对被动地接受状态。在网络时代，这种教学方式的弊端愈加明显。学生在网络环境中养成了自主探索、主动学习的习惯，他们更希望能够在学习过程中发挥自己的主观能动性，与教师和同学进行平等的交流和互动。而传统的课堂讲授方式往往缺乏足够的互动性和个性化，难以满足学生多样化的学习需求。

第六章　大学生网络道德教育的实施策略

更为关键的是，高校在校园文化建设中未能充分利用网络技术的优势，构建多元化、互动性强的校园文化传播和教育平台。网络技术具有信息传播速度快、覆盖面广、互动性强等诸多优势，可以为校园文化建设提供丰富的资源和多样化的手段。例如，通过校园官方网站、社交媒体账号、在线学习平台等网络渠道，可以及时发布校园文化活动信息，吸引更多学生参与；利用虚拟现实、增强现实等技术，可以打造沉浸式的校园文化体验场景，提高学生的参与度和兴趣。然而，由于高校对网络技术的应用不足，导致校园文化建设与学生的实际需求和网络生活相脱节。导致学生在网络世界中面临各种复杂的道德问题时，如网络暴力、虚假信息、隐私泄露等，由于缺乏与之相适应的教育引导，往往容易陷入困惑和迷茫。他们不知道如何在虚拟的网络环境中正确判断是非对错，也缺乏应对这些道德问题的有效方法和策略。这种教育引导的缺失，使得学生在网络行为中容易出现偏差，不仅影响了学生个人的身心健康和道德成长，也对校园文化的健康发展带来了负面影响。例如，一些学生会在网络上发表不当言论，引发校园内部的矛盾和冲突，破坏了和谐的校园氛围。

3. 整体规划层面

网络道德教育作为一个复杂且庞大的系统工程，绝非简单的局部工作，而是需要全方位、系统性地规划与设计。它涵盖了明确的目标设定、全面的内容体系构建以及科学的实施方法制定等多个关键要素。

明确的目标是网络道德教育的核心指引。这一目标不仅要紧密贴合网络时代的特点和需求，还要与学校的整体教育理念和人才培养目标相契合。它应当致力于培养学生在网络环境中的道德自律意识、正确的价值观以及批判性思维能力，使学生能够在纷繁复杂的网络世界中明辨是非、坚守道德底线，做出符合道德规范的行为选择。

全面的内容体系是网络道德教育的坚实基础。这一体系应包括网络法律法规、网络伦理道德准则、网络社交礼仪、网络安全知识等多个方面。网络法律法规教育旨在让学生了解在网络环境中哪些行为是合法的，哪些是违法的，从而增强他们的法律意识和守法观念；网络伦理道德准则教育则侧重于引导学生树立正确的道德观念，如尊重他人隐私、诚实守信、不传播有害信息等；网络社交礼仪教育帮助学生掌握在网络社交中应当遵守的行为规范，提高他们的网络交往能力；网络安全知识教育则教会学生如何保护自己的个人信息及财产安全，防范网络诈骗、黑客攻击等安全威胁。

科学的实施方法是网络道德教育取得实效的关键保障。这需要综合运用多种教育手段，如课堂教学、实践活动、案例分析、网络平台互动等。课堂教学可以系统地传授网络道德知识，为学生构建起扎实的理论基础；实践活动则让学生在实际操作中加深对网络道德的理解和应用，提高他们的实践能力；案例分析通过真实的网络事件，引导学生进行深入思考和讨论，培养他们的分析问题和解决问题的能力；网络平台互动则利用网络的便捷性和互动性，为学生提供一个随时随地可以进行交流和学习的平台，增强教育的针对性和实效性。然而，现实情况是，许多高校在校园文化建设的整体规划中，并没有将网络道德教育作为一个重要的组成部分进行统筹考虑。在课程设置方面，专门针对网络道德教育的课程更是严重匮乏。即便在一些相关课程中有所涉及，也只是蜻蜓点水般的简单提及，缺乏系统性和深度。

师资队伍建设方面，也存在着明显的短板。网络道德教育需要教师具备丰富的网络知识、扎实的道德教育理论基础以及敏锐的网络道德洞察力。然而，目前许多高校教师在网络技术和网络道德教育方面的专业素养有待提高。他们对网络环境中的新问题、新现象了解不够深入，在教学过程中难以将网络道德教育与学生的网络生活实际紧密结合，无法为学生提供切实有效的指导。评价机制的不完善也是制约网络道德教育发展的重要因素。由于缺乏科学合理的评价机制，无法准确衡量网络道德教育的效果，也难以对学生在网络道德方面的表现进行全面、客观地评价。这使得网络道德教育在实施过程中缺乏有效的监督和反馈，以至于教师无法及时了解学生的学习情况和需求，难以对教学内容和方法进行针对性地调整和改进。

在校园文化活动方面，许多高校对网络道德问题的关注明显不足。校园文化活动本应是开展网络道德教育的重要载体，但许多高校在组织校园文化活动时，往往忽视了网络道德教育这一重要内容。当网络热点道德事件发生时，学校未能及时抓住这些宝贵的教育契机，组织相关活动引导学生进行理性分析和思考。这些网络热点道德事件往往反映了网络环境中普遍存在的道德问题，如网络暴力、人肉搜索、虚假信息传播等。学校若能及时组织专题讲座、讨论活动、案例分析等，引导学生深入探讨这些事件背后的道德原因和影响，帮助学生树立正确的判断标准和应对策略，将有助于进一步提高学生的网络道德素养。然而，由于学校的忽视，学生在面对复杂多变的网络道德问题时,往往缺乏必要的知识储备和应对能力,容易在网络行为中迷失方向,做出不道德甚至违法的行为。这不仅影响了学生个人的成长和发展,也对校园文化的健康发展和社会的和谐稳定带来了潜在威胁。

(三)校园文化传播形式不当引发的负面效应

校园文化的传播对于弘扬校园精神、传承校园文化内涵以及开展道德教育具有不可替代的重要作用。它是连接学校与学生、传统与现代、理论与实践的桥梁,能够营造积极向上的校园氛围,引导学生树立正确的价值观和道德观。然而,传播形式的选择直接关系到传播效果的优劣,如果形式不当,不仅无法有效传递校园文化的核心价值,反而可能引发一系列负面效应,对网络道德教育产生不利影响。

1. 注重形式忽视内涵带来的问题

部分高校在利用网络平台传播校园文化时,过于注重形式上的热闹,追求点击率和参与人数等表面指标,而忽视了文化内涵的传递。例如,一些高校在网络平台上举办校园文化节,为吸引学生参与,过度强调活动的娱乐性和趣味性,设置大量吸引眼球的奖项和互动环节,却未深入挖掘活动背后的文化价值和道德意义。活动内容设计缺乏对校园文化社会主义核心价值观的深入阐释和引导,仅仅是简单罗列文化元素,使得活动只流于形式,成为一场纯粹的娱乐活动。这种做法导致学生在参与过程中,却只关注活动的表面形式和娱乐性,无法真正领悟校园文化的精神内涵,这也削弱了校园文化在网络道德教育中的积极作用。

2. 网络环境下传播内容面临的风险及影响

校园文化传播内容在网络环境中面临诸多风险,由于网络的开放性和匿名性,使得信息传播具有极大的不确定性,部分内容可能被恶意篡改或歪曲,进而引发不良舆论导向,对学生的网络道德观念产生误导。一些别有用心的人可能出于各种目的,对校园文化传播内容进行恶意篡改或编造虚假信息。例如,校园文化宣传资料中关于学校历史、名人故事等内容可能被篡改,加入不实情节或错误解读,使学生对学校的文化历史和价值观产生错误认知。这些虚假信息在网络上广泛传播,容易引发学生之间的讨论和争议,形成不良舆论氛围,导致学生对正确的网络道德观念产生怀疑和动摇,甚至模仿错误行为模式,严重干扰了网络道德教育的正常开展。

第三节　信息技术在网络道德教育中的应用

一、人工智能辅助教育

（一）智能辅导系统的应用

智能辅导系统作为人工智能在教育领域的重要应用成果，依托自然语言处理、机器学习等前沿技术，为教育教学带来了革命性的变革。在大学生网络道德教育这一特定领域，智能辅导系统发挥着独特且关键的作用。

自然语言处理技术使得智能辅导系统能够与学生进行自然流畅的语言交互。它能够理解学生提出的各种关于网络道德的问题，并以通俗易懂且专业准确的语言给予解答。机器学习技术则赋予了系统强大的学习能力，它可以根据学生在学习过程中产生的数据，深入分析学生的学习特点和需求。在网络道德教育场景中，智能辅导系统具备提供高度的个性化服务能力。它能够依据学生的学习进度，精准判断学生在网络道德知识体系中的掌握程度。对于已经熟练掌握的部分，系统会适当加快教学节奏；而对于学生理解不足的环节，系统则会自动放慢速度，进行更深入地讲解。同时，智能辅导系统还会充分考虑学生的兴趣爱好。例如，对网络技术更感兴趣的学生，系统会推送与网络技术背后道德规范相关的内容，如算法伦理、数据隐私保护在技术实践中的道德考量等；而对于关注社会热点的学生，系统会提供网络热点事件中涉及网络道德问题的深度分析。针对学生对网络道德中不同知识点的理解差异，智能辅导系统展现出卓越的更具针对性的辅导能力。

在视频案例分析方面，系统会挑选具有代表性的网络暴力真实案例视频，从事件的起因、经过到结果进行全面剖析，引导学生从不同角度思考网络暴力产生的根源、造成的危害以及如何避免参与网络暴力行为。对于个人隐私保护问题，视频案例可能涵盖个人信息泄露事件，分析信息泄露的途径、后果以及在网络环境中保护个人隐私的正确方法。讨论题目设置也极具针对性，围绕网络暴力问题，可能会提出"如何在网络社交中识别出潜在的网络暴力行为并采取有效措施制止？"等问题，激发学生深入思考网络暴力的预防机制；对于隐私保护，题目可能是"在大数据时代,个人应该如何平衡便捷的网络服务与隐私保护之间的关系?"引导学生探讨隐私保护的策略。这种个性化、精准化的辅导方式,不仅显著提高了教学效果,使学生能够更深入地理解和掌握网络道德知识,还极大地减轻了教师的教学负担。教师无须再为不同学生的个性化需求而耗费大量的时间和精力进行针对性备课和辅导,从而可以将更多的精力投入教学研究和对学生的深度引导上。

(二)智能辅助学习平台的构建

随着人工智能技术的不断发展,高校借助这一技术构建集成化的智能辅助学习平台成为提升大学生网络道德教育质量的重要举措。该平台整合了教学资源、互动功能和评估机制等多个关键要素,形成了一个有机的整体,为学生提供了全方位、个性化的学习支持。

教学资源整合是智能辅助学习平台的基础。该平台汇聚了丰富多样的网络道德教育资源,涵盖了学术论文、专业书籍、在线课程、教学课件等多种形式的资源。这些资源经过精心筛选和分类,形成了一个有序的知识体系,方便学生根据自己的需求进行查找和学习。例如,在网络道德理论板块,学生可以找到国内外权威学者关于网络道德发展趋势、网络道德规范体系构建等方面的学术论文,深入了解网络道德领域的前沿理论;在实践案例板块,学生能够获取大量真实发生的网络道德事件案例,通过对这些案例的分析,更好地将学到的理论知识应用到实际情境中。

互动功能是智能辅助学习平台的核心优势之一。平台为学生提供了丰富的互动场景,如在线讨论区、小组协作学习空间等。在在线讨论区,学生可以针对网络道德教育中的热点话题、难点问题展开讨论。例如,针对网络直播中存在的道德规范问题,学生们可以分享自己的观点和看法,相互交流不同的见解,拓宽思维视野。小组协作学习空间则鼓励学生组成团队,共同完成特定的网络道德教育项目,如制作关于网络道德宣传的短视频、开展网络道德调研等。

评估机制是智能辅助学习平台的重要保障。平台利用人工智能技术对学生的学习情况进行实时监控和全面评估。通过分析学生在平台上作业的完成情况,包括作业的正确率、完成时间、答题思路等,系统可以了解学生对网络道德知识的掌握程度;通过监测学生在线讨论的参与度,如发言次数、发言质量、与其他同学的互动情况等，可以评估学生的学习积极性和思维活跃度。基于这些数据，平台能够自动生成详细的学习报告。报告不仅会指出学生在网络道德知识学习方面的优势和不足，还会提供针对性地学习建议。例如，如果报告显示学生在网络道德法律法规方面的掌握不够扎实，平台会建议学生学习相关的法律法规课程，并提供相应的学习资料；如果发现学生在网络道德实践方面存在欠缺，平台则会推荐学生参与一些网络道德实践活动。教师通过平台提供的数据驱动教学反馈，能够更精准地掌握学生的学习需求。他们可以根据学生的学习情况适时调整教学内容和教学方法，使教学更加贴合学生的实际需求，从而有效提高教育效果。

（三）情感分析与道德引导

情感分析技术作为人工智能领域的一项重要应用，在大学生网络道德教育中发挥着独特而关键的作用。它通过对学生在网络平台上的语言、行为和互动模式进行深入分析，能够精准识别学生的情感倾向，为教师实施有效的道德引导提供了有力依据。

在网络平台上，学生的语言表达蕴含着丰富的情感信息。情感分析技术能够运用自然语言处理算法，对学生发布的文字内容进行语义理解和情感分类。例如，通过对词汇、句式、语气等方面的分析，判断学生的言论是积极、消极还是中立。对于一些表达强烈情感的词汇，如愤怒、不满、赞赏等，系统能够敏锐捕捉，并结合上下文语境准确判断学生的情感状态。

学生的行为模式同样是情感分析的重要对象。比如，学生在网络讨论中的发言频率、回复速度、参与话题的深度等行为特征，都能反映出他们的情感投入程度。如果一个学生在讨论网络道德问题时频繁发言，且回复速度较快，可能表明他对该话题充满热情；反之，如果一个学生很少参与讨论，可能意味着他对该话题缺乏兴趣或存在某种顾虑。

互动模式也是情感分析的关键维度。通过分析学生与其他同学之间的互动方式，如是否积极回应他人观点、是否主动发起讨论、在互动中是否表现出对他人的尊重和包容等，系统可以了解学生在网络社交中的情感态度。例如，一个学生在讨论中总是能够尊重他人的不同意见，并积极与他人进行建设性的交流，说明他具有良好的网络社交情感素养；而如果一个学生经常在讨论中使用攻击性语言，强行推销自己的观点，可能反映出他在网络社交中存在情感方面的问题。

在网络道德教育场景中，情感分析技术的应用为教师提供了宝贵的洞察学生内心世界的窗口。当系统发现某个学生在讨论网络诚信问题时展现出极端或偏激的情绪，如过度愤怒或极度怀疑，教师可以及时介入处理。

教师首先会通过个别辅导的方式，与学生进行一对一的深入交流。在交流过程中，教师会耐心倾听学生的想法和感受，了解他们产生极端情绪的原因。例如，学生可能因为在网络交易中遭遇了不诚信行为，从而对网络诚信产生了极度失望和愤怒的情绪。教师会针对学生的具体经历，引导学生正确看待网络诚信问题，帮助他们认识到虽然网络中存在一些不诚信现象，但不能因此否定整个网络环境，同时应教导学生如何在网络活动中保护自己，提高识别不诚信行为的能力。除了个别辅导，心理疏导也是重要的干预手段。对于情绪偏激的学生，教师可以邀请专业的心理咨询师为学生提供心理支持。心理咨询师会运用专业的心理学方法，帮助学生调整情绪，缓解内心的压力和焦虑。

二、多媒体资源运用

（一）图片与图示：直观呈现与深度认知的桥梁

图片与图示，作为多媒体资源中备受青睐的形式，在教育进程里彰显出无与伦比的直观性与可视化效能，对于促进学生对知识的理解而言，具有举足轻重的意义。在网络道德教育这一繁杂且抽象的领域，其价值更是展露无遗。

网络道德教育涵盖诸多抽象概念与问题，对于学生来说，单纯依靠文字描述去领会往往困难重重。而图片和图示凭借其形象化的表达，能够将这些抽象的道德议题转化为直观易懂的视觉信息。以网络暴力这一网络道德教育的关键内容为例，通过展示具有代表性的图片，如网络上恶意攻击他人的言论截图、遭受网络暴力者痛苦的表情照片等，能让学生更直观地感受到网络暴力的恶劣影响。漫画形式则借助夸张、幽默的手法，以更生动通俗的方式呈现网络暴力的场景和后果，使学生在轻松愉快的氛围中对这一问题形成更深刻的印象。

在信息传播中的道德责任方面，图示发挥着其独特作用。精心设计的图示，如信息传播路径图，能够清晰展示信息从源头到受众的整个流动过程，标注出各个环节中可能出现的道德问题，如信息的真实性审核、传播者的主观意图等。这种可视化呈现方式，有助于学生梳理复杂的信息传播关系，更准确地理解道德责任在其中的具体体现。

图示化的网络行为分析图表和道德决策流程图等工具，为学生提供了系统化学习网络道德教育核心内容的有效路径。网络行为分析图表可将不同类型的网络行为分类整理，从道德层面进行评估和分析，从而帮助学生清晰认识各种网络行为的道德属性。道德决策流程图则以逻辑化方式，引导学生在面对具体网络道德情境时如何思考和决策。例如，当遇到网络谣言时，流程图会提示学生从信息来源的可靠性、传播可能造成的影响等多个方面考量，逐步引导学生做出正确的道德决策。

（二）音频与播客：情感共鸣与沉浸学习的助力

音频资源，尤其是以播客形式呈现的内容，在教育领域具备独特的情感调动和沉浸体验功能，在网络道德教育中发挥着不可替代的作用。

播客作为新兴的音频传播形式，以其丰富多样的内容和灵活便捷的传播方式，吸引了广大学生群体的关注。在网络道德教育中，音频资源能够凭借声音的独特魅力，有效调动学生的情感参与，增强教育的感染力。通过音频播放故事、案例分析或模拟情境等形式，能为学生营造身临其境的学习环境。例如，在讲解网络诚信这一重要的网络道德主题时，可以播放一段真实发生的网络交易诈骗案例音频进行更好地讲解。音频中生动描述受害者如何满怀信任地进行网络交易，却因对方的不诚信行为遭受经济损失的全过程，包括受害者的心理变化、交易过程中的细节等。学生在聆听过程中，仿佛置身事件现场，能深刻感受到受害者的痛苦和愤怒，从而对网络诚信的重要性产生强烈共鸣。在讲解虚假信息传播的危害时，模拟的道德困境对话音频能发挥独特作用。通过精心设计的对话场景，展现虚假信息在网络上迅速传播所引发的一系列不良后果，如社会恐慌、个人名誉受损等。学生在倾听对话过程中，如同亲身经历这一道德困境，就会深度思考虚假信息传播背后的道德问题，进而引发对自身网络行为的反思。

音频形式的灵活性是其在教育应用中的显著优势。与传统的课堂教学或书面学习方式不同，学生可利用碎片化时间，随时随地通过手机、电脑等设备收听音频内容。无论是在上下学的路上、运动健身时，还是在休息放松的间隙，学生都能便捷获取网络道德教育资源。这种学习的便捷性极大提高了学生接触和学习网络道德知识的机会，使学习不再受时间和空间的限制，从而有效提升了学习效率。通过音频与播客的运用,学生在情感上能更深入地参与到网络道德教育过程中,不仅能更好地理解网络道德知识,还能在情感层面形成对网络道德规范的认同和遵循,为在实际网络行为中践行道德准则奠定坚实的情感基础。

(三)视频资源:生动演绎与全面认知的载体

1. 生动性

在网络道德教育范畴内,诸多概念和行为后果往往抽象难辨,而视频能够巧妙地将其转化为直观可感的视觉形象与动态场景,助力学生更清晰地洞察不同网络行为所引发的后果。以网络诈骗这一典型且危害深远的网络道德问题为例,通过播放精心挑选的典型网络诈骗案例视频,能够为学生展开一幅详尽的犯罪全景图。视频中,诈骗分子的作案手法被细致呈现:从设计精心炮制的虚假网络广告吸引受害者上钩,这些广告往往打着诱人的旗号,如高额回报的投资项目、低价抢购热门商品等,利用人们的心理弱点引发关注;到借助虚假身份与受害者进行沟通,凭借花言巧语和伪装的专业形象获取信任;直至最终实施诈骗,骗取受害者钱财的全过程,无一遗漏。同时,视频还会真实呈现受害者在遭受诈骗后的痛苦与无助。他们可能面临经济上的巨大损失,从此生活陷入困境,精神上也承受着焦虑、自责等多重负面情绪的折磨。此外,视频还展示警方的侦破过程,不仅让学生了解到违法犯罪行为终将受到法律制裁,更能让他们看到背后复杂的调查工作和技术手段,体会到维护网络安全的艰辛与重要性。这种全方位、多维度的展示方式,使学生得以清晰洞察虚假信息传播的路径、手段以及受害者的真实遭遇。相较于单纯依靠文字讲解,视频所带来的视觉冲击和情感触动更为强烈,能够迅速吸引学生的注意力,激发他们内心深处的道德情感,促使他们对网络诈骗行为产生深刻的警惕和批判意识。

2. 具体性

视频的具体性不仅体现在直观呈现案例上,更体现在通过精心设计的戏剧化场景和情节,引导学生深度感知道德冲突及其解决方式。在网络环境中,道德冲突纷繁复杂,而视频能够将这些冲突以生动直观的形式展现出来,帮助学生更好地理解和应对。以网络言论自由与道德约束这一关键议题为例,在专门制作的相关视频中,构建了一个虚拟的网络社区场景。这个场景高度还原了现实网络社区的多样性和复杂性,不同角色在其中活跃,发表着各式各样的言论。部分角色的言论遵循道德规范，秉持理性、客观、友善的态度，分享有价值的信息和观点，促进了社区内的和谐交流与知识共享，营造出积极向上的氛围。而另一部分角色的言论则突破了道德底线，充斥着恶意攻击、谣言传播、低俗内容等。这些不当言论会瞬间引发社区内的激烈冲突，破坏了原本的和谐氛围，导致社区成员之间的矛盾激化。在这个过程中，视频通过对角色行为和言语的细致刻画，以及社区氛围变化的生动呈现，让学生仿佛置身其中，真切感受到道德冲突带来的影响。同时，视频还会展示社区成员或管理者如何运用正确的道德准则和方法来化解冲突，如通过理性沟通、引导教育、采取管理措施等方式，恢复社区的和谐秩序。这种戏剧化的呈现方式，使学生不再是网络道德问题的旁观者，而是成为"参与者"，能够深入体会道德冲突的复杂性和严重性，学习到切实可行的解决方法，从而在未来面对类似情境时，能够做出正确的道德选择。

3. 全面性

视频在网络道德教育中的价值还体现在其能够借助真人案例和专家访谈等形式，全方位、深层次地展示道德问题的多样性与复杂性。

真人案例是网络道德教育中最具现实说服力的素材。每一个真实的人物经历都是网络道德问题在现实生活中的生动写照。学生通过观看这些案例，能够从真实发生的故事中汲取宝贵的教训，了解网络道德问题在日常生活中的具体表现形式。例如，一些人因在网络上随意泄露个人信息，导致遭受骚扰、诈骗等困扰；还有些人因参与网络暴力，对他人造成身心伤害，最终自己也受到法律制裁或道德谴责。这些真实案例的细节和情感冲击，能够让学生深刻认识到不良网络行为的后果，增强他们对道德规范的敬畏之心。

专家访谈则为学生打开了一扇通往专业知识和深入分析问题的大门。邀请不同领域的专家，如网络安全专家、社会学专家、法学专家等，针对各类网络道德问题进行解读和剖析。网络安全专家在分析网络数据泄露事件时，不仅会阐述事件背后的技术原理和安全漏洞，还会深入探讨其中涉及的道德和法律问题，如数据所有者的责任、使用者的道德义务等。社会学专家在探讨网络舆论对社会价值观的影响时，会从社会结构、文化传播等多个角度进行分析，揭示网络舆论形成的机制以及如何引导其朝着积极健康方向发展。

（四）虚拟现实与沉浸式教学

1. 虚拟现实技术的应用

虚拟现实技术凭借其独特的技术优势，能够创建高度逼真的虚拟环境，让用户仿佛置身于一个全新的、与现实世界几乎无差别的空间之中。在网络道德教育领域，这一特性被充分利用，为学生打造了一个安全、可控且高度沉浸式的实践平台。

在这个虚拟的网络环境中，学生不再是传统教育模式下被动的知识接收者，而是能够全身心地投入其中，以第一人称视角去感受和体验各种复杂的道德情境，模拟处理形形色色的网络伦理困境的实践者。以构建虚拟社交平台场景为例，这一精心设计的虚拟空间高度还原了现实社交平台的运行机制和用户交互模式。学生在其中被赋予不同的角色身份，如普通用户、管理员等，每个角色都承载着特定的权利和责任，面临着独特的网络道德挑战。在这个虚拟平台上，各种网络道德问题会接踵而至，网络谣言的传播便是其中典型的问题之一。虚假信息如同病毒一般，在虚拟社交平台上迅速扩散，引发群体恐慌和混乱。面对这一情况，学生作为平台的参与者，需要根据自己所扮演的角色，迅速做出决策并采取行动。例如，普通用户可以尝试通过查阅可靠资料、向权威机构求证等方式，获取准确信息后及时在平台上辟谣，以澄清事实，遏制谣言的进一步传播；而管理员则需要运用平台的后台管理工具，对谣言发布者进行警告、封禁等操作，对不实的推文及时删除，并及时发布官方声明，稳定平台秩序。

学生在采取不同措施后，能够实时观察到这些决策对其他用户以及整个平台氛围产生的微妙而又显著的影响。若辟谣措施得当，平台上的用户会逐渐恢复理性，恐慌情绪得到缓解，平台氛围也会回归和谐稳定；反之，若处理不当，谣言可能会进一步发酵，引发更多用户的误解和不满，导致平台信任度下降。通过这种深度参与和切身体验的方式，学生能够更加深刻地理解网络道德规范在实际情境中的具体应用方式和重要意义。他们不再仅仅停留在理论层面上对网络道德规范的认知，而是在实践中真切地感受到自己的每一个行为决策都可能对他人和整个网络环境产生深远的影响。同时，模拟现实中的道德冲突，也为学生提供了一个深度思考的契机。在虚拟环境中，他们会遇到各种价值观的碰撞和利益的博弈，这些冲突促使学生去深入思考网络道德规范背后的价值取向和社会意义。例如，在处理网络言论自由与道德约束的冲突时，学生需要权衡如何在保障用户表达权利的同时，营造一个健康、文明的网络交流环境。

2. 增强现实技术的应用

在网络道德教育中，增强现实技术发挥了其独特的优势，进一步拓展了学生的学习空间和学习方式。以现实的校园环境为例，这是学生日常生活和学习的重要场所，蕴含着丰富的教育资源和潜在的教育契机。借助增强现实技术，我们可以在校园的各个特定地点，巧妙地融入与网络道德相关的虚拟案例或提示信息。这些虚拟信息如同隐藏在现实世界中的知识宝藏，等待着学生在日常活动中去发现和探索。

当学生漫步在校园的各个角落时，手中的手机或其他具备增强现实功能的电子设备就成为开启知识宝库的钥匙。例如，当学生来到图书馆附近这个知识汇聚的地方时，手机屏幕或电子设备上会适时弹出与该区域紧密相关的网络道德教育内容。在当今数字化时代，学术研究高度依赖网络资源，然而如何正确引用网络资源以避免学术不端行为，则成为学生必须掌握的重要知识。通过增强现实技术展示的虚拟案例，学生可以直观地看到学术不端行为的具体表现形式，如抄袭、剽窃他人研究成果等行为在学术界引发的严重后果。而当学生走进机房这个与网络紧密相连的学习空间时，增强现实技术又会为他们带来另一番学习体验。手机或电子设备上会弹出一系列关于网络安全和道德使用规范的信息。机房作为学生频繁使用网络进行学习和交流的场所，网络安全问题不容忽视。通过增强现实展示的内容，学生可以学习到如何设置安全的密码、如何识别网络钓鱼攻击、如何避免下载恶意软件等实用知识。同时，还会强调在机房使用网络时应遵守的道德规范，如不进行网络攻击、不传播不良信息等。

增强现实技术通过将虚拟信息与现实场景的有机结合，打破了传统教育中时间和空间的限制，使网络道德教育不再局限于课堂和书本。让学生在日常的校园活动中，随时随地都能接受到与现实情境紧密相关的网络道德教育，这种无缝对接的学习方式，不仅增加了学习的趣味性和互动性，更能让学生将所学的网络道德知识与实际生活紧密联系起来，提高他们在现实网络环境中运用道德规范的能力。同时，这种教育方式也充分利用了学生碎片化的时间，使学习成为一种自然而然的生活常态，从而有助于培养学生良好的网络道德习惯和素养。

第七章 大学生网络道德教育的评估与反馈

第一节 网络道德教育效果评估的指标体系

一、知识层面指标

(一) 网络道德规范的知晓率

网络道德规范的知晓率,作为衡量大学生网络道德知识储备的重要指标,涵盖了多个关键维度,这些维度共同构成了网络道德的基本框架,对于维护健康有序的网络环境起着至关重要的作用。

1. 尊重他人隐私

在网络这个虚拟空间中,个人信息的敏感性被无限放大。学生必须充分认识到,每一个个体的信息都承载着其独特的人格尊严和权利。随意窥探、传播他人隐私数据,不仅是对他人基本权利的严重侵犯,更是对网络道德底线的肆意践踏。这要求学生在网络活动的每一个环节,无论是浏览网页、参与社交还是进行各种交易,都要时刻保持高度的隐私保护意识。例如,在使用各类网络平台时,要严格遵守平台的隐私政策,不通过不正当手段获取他人的账号信息、联系方式等敏感内容。同时,对于在网络交流中偶然获取的他人隐私信息,要做到守口如瓶,不将其作为谈资随意传播。

2. 维护网络文明

维护网络文明是每一位网络使用者应尽的责任和义务。在网络交流中,语言作为思想和情感的载体,其文明程度直接影响着网络文化氛围的健康与否。倡导学生使用文明、理性的语言进行交流,摒弃粗鄙、低俗的表达,是营造积极健康网络文化氛围的必然要求。粗鄙、低俗的语言不仅会破坏网络交流的和谐氛围,降低网络文化的品质,还可能引发不必要的冲突和矛盾。学生应当意识到,网络空间并非法外之地,每一句话都可能产生深远的影响。在参与网络讨论、发表观点时,要注重语言的规范性和礼貌性,以理性的态度阐述自己的观点,尊重不同的意见和看法。通过积极传播文明、健康的语言,引导网络文化朝着积极向上的方向发展,让网络成为知识传播、思想交流和文化传承的优质平台。

3.避免网络暴力

随着网络社交的迅速发展,网络暴力现象逐渐成为网络生态中的一大隐患。应当避免网络暴力,提醒学生时刻警惕言语攻击、恶意诋毁等行为对他人心理和网络生态造成的严重伤害。网络暴力往往具有隐蔽性和传播速度快的特点,一句恶意的评论、一条不实的谣言,都可能在瞬间对他人造成无法挽回的心理创伤,甚至影响到其现实生活。学生要深刻认识到网络暴力的危害,树立相互尊重、和谐共处的网络交往理念。在面对不同观点时,要以平和、理性的心态进行沟通和交流,避免情绪化的攻击和诋毁。同时,当发现身边存在网络暴力行为时,要勇敢地站出来,通过合理合法的途径进行制止和纠正,共同维护网络空间的和谐与稳定。

(二)知识应用能力

知识应用能力集中体现在学生面对错综复杂、千变万化的网络情境时,能否迅速且准确地识别问题的本质,并依据所学的网络道德知识做出恰当、合理的道德回应。

当学生遭遇网络侵害行为时,如个人信息被非法获取、遭受网络辱骂等,应该具备迅速判断该行为性质的能力以及运用所学的网络道德和法律知识进行有效应对的水平,这是衡量知识应用能力的重要依据。在当今数字化时代,个人信息的安全面临着前所未有的挑战,非法获取个人信息的手段层出不穷。学生在面对此类问题时,首先要能够敏锐地察觉个人信息可能被泄露的迹象,如收到不明来源的骚扰信息、账号异常登录等。一旦发现问题,要迅速依据所学知识判断该行为的违法性质,明确自己的权益受到了侵害并维护自身权益。

在应对网络侵权时,学生应当清楚地知道及时保存证据的重要性。证据是维护自身合法权益的关键,它可以包括聊天记录、邮件截图、网页链接等。学生要学会运用各种工具和方法,如使用截图软件、保存网页缓存等,确保证据的完整性和真实性。同时，要通过合法途径向相关平台或监管部门举报。不同的网络平台都有相应的投诉举报机制，学生需要了解并按照规定的流程进行操作。对于一些严重的网络侵权行为，还可以向相关监管部门如网信办、工信部等进行举报，借助法律的力量维护自己的权益。

在处理涉及他人的网络道德问题时，学生能否正确引导舆论，传播正确的价值观，也是知识应用能力的重要体现。网络舆论具有强大的影响力，一条不实信息或不良言论可能在短时间内引发广泛的传播和负面效应。学生在面对此类情况时，要懂得运用所学的网络道德知识，以客观、理性的态度分析问题，辨别是非对错。通过发表正确的观点、提供真实的信息，引导其他网络用户树立正确的价值观，避免被错误信息误导。例如，在面对网络上关于某一热点事件的争议时，学生可以通过引用权威资料、分析事件背景等方式，客观地阐述自己的观点，引导大家进行理性的讨论，营造积极健康的网络舆论环境。

为全面评估、提升学生的这一能力，设置一系列贴近现实的网络模拟场景是一种行之有效的方法。在模拟场景中，要尽可能还原网络生活中的真实情况，最好涵盖各种常见的网络问题和复杂的情境。例如，可以模拟网络购物中的虚假宣传、网络社交中的隐私泄露、网络论坛中的恶意攻击等场景，让学生在模拟环境中作出决策和行动。通过观察学生在不同场景下的应对方式、决策依据以及最终处理结果，能够全面、深入地了解他们对网络道德知识的应用水平。

在观察过程中，要关注学生的思维过程和行为细节。例如，学生在面对网络侵权时，是否能够迅速判断出问题的关键所在，采取的应对措施是否合理有效；在处理涉及他人的网络道德问题时，是否能够运用恰当的方式引导舆论，传播正确的价值观。通过对这些方面的细致观察和分析，可以综合评估学生的知识应用能力。

结合实际案例分析也是提升学生知识应用能力的重要途径。选择具有代表性和典型性的已发生的网络事件，让学生进行深入分析和讨论。在分析过程中，鼓励学生从不同角度思考问题，并运用所学的网络道德知识剖析事件的本质、原因和影响。通过分析讨论，学生可以分享彼此的观点和思路，了解不同的处理方法和策略，进一步提升自己对知识的运用能力。同时，教师可以在学生讨论的基础上进行总结和点评，引导学生深入理解网络道德知识在实际中的应用要点，为今后在真实网络环境中应对类似问题提供有益的参考。

二、态度层面指标

(一)对网络道德重要性的认可度

在个人层面,网络道德与大学生的个人形象及声誉之间存在着千丝万缕的紧密联系。在当下这个网络社交如日中天的时代,网络早已深度融入人们生活的方方面面,个人在虚拟网络空间中的一言一行,都如同在现实世界中进行公开表演一般,会被广泛传播并永久记录。每一次的网络发言、每一个分享的内容,都构成了他人对自己认知的一部分。良好的网络道德行为,诸如礼貌交流、尊重他人观点、分享有价值的信息等,就如同精心雕琢的艺术品,有助于塑造积极正面、令人赞赏的个人形象。

反之,不良的网络行为可能对个人的学习、生活和未来发展都带来难以预估的负面影响。例如,在网络上发表攻击性言论、恶意诋毁他人,不仅会引发他人的反感与厌恶,损害个人在网络社区中的声誉,还可能导致人际关系紧张,甚至影响现实生活中的社交圈子。更为严重的是,一些不良网络行为可能违反法律法规,给个人带来法律风险,进而对学业和未来职业发展造成阻碍。这种负面影响可能在短期内不易察觉,但随着时间的推移,其危害将逐渐显现,如同温水煮青蛙一般,逐渐侵蚀个人的发展空间。

在集体层面,网络道德对群体的凝聚力和协作效率有着深远的影响。在网络学习小组、社团活动等集体网络活动的大舞台上,成员之间遵循网络道德规范,就如同演奏家们按照统一的乐谱进行演奏,能够确保信息的顺畅流通、合作的无缝对接,从而提升集体活动的质量与效果。例如,在网络学习小组中,成员们礼貌交流、互相尊重,能够营造积极的学习氛围,促进知识的共享与思维的碰撞,提高学习效率;在社团组织的网络活动中,成员们遵守规则、诚实守信,能够增强彼此之间的信任,推动活动的顺利开展,提升社团的凝聚力与影响力。然而,一旦出现违反网络道德的行为,如恶意竞争、泄露集体机密等,就如同在平静的湖面投入一颗巨石,会瞬间打破集体的和谐氛围,引发成员之间的矛盾与猜忌,阻碍集体目标的顺利实现。另外,恶意竞争可能导致成员之间互相排挤、资源内耗,降低团队的协作效率;泄露集体机密则可能损害集体的利益与声誉,使成员们的努力付诸东流。

在社会层面,网络道德对于维护网络空间的秩序与稳定具有不可替代的关键作用。网络空间,作为人类社会在数字时代的重要延伸,已经成为信息传播、社交互动、经济发展的重要平台。一个健康、文明的网络环境,如同肥沃的土壤,是社会和谐发展的重要支撑。在这样的环境中,信息能够自由、准确地传播,人们可以跨越地域与时间的限制,分享知识、交流思想,促进社会创新的蓬勃发展;不同种族文化之间也能够相互碰撞、融合,推动文化的多元交流与传承。

大学生作为网络社会中最具活力与创造力的群体之一,他们对网络道德重要性的认可程度,犹如风向标一般,直接关系到网络社会的整体风貌和发展方向。如果大学生能够深刻认识到网络道德的重要性,并积极践行,那么网络空间将充满正能量,这将成为推动社会进步的强大动力;反之,如果大学生对网络道德缺乏足够的重视,网络空间可能会陷入混乱与无序,滋生各种不良现象,对社会的稳定与发展造成严重威胁。

(二)对不良网络行为的态度变化

不良网络行为,如网络欺凌、隐私泄露、虚假信息传播等,如同网络空间中的毒瘤,严重破坏网络秩序,损害他人权益,对网络生态造成极大危害。这些行为不仅侵犯了他人的基本权利,还破坏了网络空间的公平、正义与和谐,阻碍了网络的健康发展。

网络欺凌作为一种隐蔽且具有攻击性的不良行为,会通过网络平台对受害者进行言语辱骂、恶意诋毁、孤立排挤等,给受害者带来巨大的心理创伤。这种创伤可能会影响受害者的学习、生活和心理健康,甚至导致其出现长期的心理问题。隐私泄露则严重侵犯了个人的隐私权,使个人信息在网络上被非法获取和传播,给个人带来安全隐患和生活困扰。虚假信息传播更是扰乱了网络信息的真实性和可靠性,误导公众,引发社会恐慌,从而影响社会的稳定与发展。

评估学生对这些不良行为的态度变化,是衡量网络道德教育成效的重要方面。通过对比教育前后的问卷调查结果,我们能够细致入微地观察学生对各类不良网络行为的认知、态度和行为倾向的变化。在教育前的调查中,旨在全面了解学生对不良网络行为的普遍看法,洞察其是否存在对某些不良行为的容忍或忽视现象。这一阶段的调查结果,能够为后续的教育提供精准的切入点,明确教育的重点与方向。

在教育后,再次进行调查,重点聚焦于学生是否能够更加敏锐地识别不良行为，是否对这些行为表现出更强烈的反感和抵制态度。例如，在面对网络欺凌行为时，教育前学生可能由于对网络欺凌的本质认识不足，认为这只是一种"玩笑"或"小事"，未意识到其严重性。然而，在接受系统的网络道德教育后，学生能够深刻认识到网络欺凌对受害者身心健康造成的巨大伤害，从内心深处对这种行为产生强烈的反感，并积极倡导反对网络欺凌。

更为重要的是，要注意观察学生在日常网络活动中是否能够将这种态度转化为实际行动，自觉抵制不良行为。例如，不参与传播虚假信息，不泄露他人隐私，在遇到不良网络行为时，能够挺身而出，采取正确的干预措施。这种从认知到态度再到行为的全面转变，充分体现了网络道德教育对学生道德约束力的增强，反映了道德教育在引导学生树立正确网络价值观方面的成效。

（三）社会责任感和公民意识

网络道德教育不应仅局限于传授知识和规范行为，更应注重培养学生的社会责任感和公民意识，促使他们在网络空间中积极发挥正面作用，成为网络文明的建设者与守护者。

社会责任感体现在学生是否能主动承担起维护网络秩序、传播正能量的责任。这是一种深层次的道德自觉，要求学生不仅关注自身的网络行为，更要关心整个网络社区的发展与和谐。而积极参与网络公益活动，正是学生社会责任感的重要体现。

传播科学知识、文化艺术等有益信息，同样是学生履行社会责任感的重要方式。在信息爆炸的时代，网络上充斥着大量的虚假、低俗信息，学生通过分享有价值的知识和文化内容，可以丰富网络文化内涵，提升网络文化的品质，为广大网民营造一个积极健康的网络文化环境。此外，关注社会热点问题，通过理性的网络言论引导正确的舆论方向，促进社会问题的解决，也是学生社会责任感的重要表现。

公民意识则表现在学生对自身作为网络公民权利和义务的深刻认识。网络公民，作为网络社会的一员，既享有网络自由带来的便利，也承担着相应的责任与义务。学生需要明白，在享受网络自由的同时，必须遵守法律法规和道德规范，尊重他人权利。这意味着在网络上发言时，要注意言辞的恰当性，不发表违法、违规、有害的言论；在参与网络活动时，要尊重他人的知识产权，不抄袭、不盗用他人的作品。

同时，学生还应积极参与网络治理，对网络不良行为进行监督和举报。网络治理是一个庞大的系统工程，需要每一位网络公民的共同参与。学生作为网络的活跃用户，具有敏锐的观察力和较强的社会责任感，他们可以通过向网络平台举报不良信息、向相关部门反映网络问题等方式，为营造良好的网络环境贡献自己的力量。

三、行为层面指标

（一）网络言行文明程度

网络言行文明程度是一个综合性的概念，涵盖了多个相互关联且不可或缺的要素，这些要素共同构成了衡量大学生网络道德素养的重要维度。其中，语言文明无疑是这一概念的基础内核，是对大学生在网络交流活动中最基本且最为核心的要求。

在网络这个跨越时空限制的交流平台上，大学生作为信息的传播者和接收者，其语言表达不仅反映了个人的素养，更会对整个网络文化环境产生着深远影响。粗俗、辱骂、歧视性语言的使用，不仅违背了基本的道德准则，更是对网络文明秩序的公然破坏。大学生应当深刻认识到，网络并非法外之地，每一次的发言都应遵循文明、友善、包容的原则。尊重不同的观点和文化背景，是网络交流得以健康、有序进行的重要前提。在面对多元的思想碰撞时，大学生应以理性、平和的态度与人展开沟通与交流，摒弃情绪化的冲动表达，以客观、公正的视角审视各种观点，通过建设性的对话促进思想的交融与共进。

尊重他人意见同样是网络言行文明的重要组成部分。在网络讨论这一充满活力与挑战的思想交流场域中，大学生需要学会倾听他人的声音，理解他人观点背后的思考逻辑和情感诉求。不轻易打断或贬低他人，是对他人基本尊重的体现，也是营造良好网络讨论氛围的关键。通过提出建设性的意见来表达自己的看法，不仅能够展示个人的思维深度和批判性思维能力，更能激发群体智慧的火花，推动讨论向更深层次发展，还能促进不同观点之间的相互学习与借鉴。然而，网络空间并非一片净土，网络暴力和恶意言论等不良行为时有发生，严重威胁着网络和谐与社会稳定。网络暴力作为一种新型的暴力形式，借助网络的匿名性和传播的快速性，对受害者造成的心理创伤往往是长期且难以愈合的。这种行为不仅破坏了网络空间的和谐氛围，更可能引发一系列社会不稳定因素，如群体对立情绪的激化、社会信用体系的受损等。恶意言论则具有较强的误导性，可能存在歪曲事实、误导公众舆论的现象，进而损害他人的声誉和社会形象。

为了准确评估网络言行文明程度这一指标，内容分析方法成为一种行之有效的研究手段。通过选取多个具有代表性的网络平台，收集大学生在不同场景下的发言样本，能够全面反映其网络语言行为特征。制定详细且科学的分析框架是内容分析的关键环节，该框架应涵盖语言的文明程度、对他人意见的尊重程度以及是否存在不良行为等多个维度。在语言文明程度方面，可从词汇使用、语法结构、语义表达等方面进行细致分析，通过建立词汇库和评价标准，对语言的规范性、礼貌性进行量化评估。对他人意见的尊重程度，则可通过分析回复内容中是否存在打断、质疑、反驳等行为，以及从这些行为的表达方式和语气进行判断。对于是否存在不良言语行为，可通过关键词检索、语境分析等方法，准确识别网络暴力、恶意言论等不当行为，并进行详细记录和统计分析。

（二）网络诚信行为表现

诚信，作为网络道德教育的核心价值之一，犹如一条无形的红线，贯穿于大学生网络生活的方方面面，深刻影响着他们在虚拟世界中的行为选择和人际交往模式。

在网上交易活动这一网络经济的重要领域，大学生作为参与者，应当严格遵守市场规则，秉持诚实守信的原则。如实提供商品或服务信息，是保障交易公平、公正的基础。任何形式的虚假宣传和欺诈行为，不仅损害了消费者的合法权益，破坏了市场的信任机制，更违背了基本的商业道德和法律规范。大学生在参与网上交易时，应充分认识到自身行为的重要性，以高度的责任感和道德自律，尽力维护网络交易市场的健康秩序。

网络社交互动作为大学生网络生活的重要组成部分，同样离不开诚信的支撑。在这个虚拟的社交空间里，保持真诚和守信是建立良好人际关系、维护网络社交信任基础的关键。不编造虚假身份或发布不实信息，是对其他社交参与者的基本尊重，也是维护网络社交真实性和可靠性的必然要求。虚假身份的使用和不实信息的传播，不仅会误导他人，破坏社交关系的和谐稳定，还可能引发一系列安全风险，如个人信息泄露、网络诈骗等。

个人信息保护是网络诚信行为的重要组成部分，体现了大学生对他人隐私和自身权益的尊重与维护。在如今这个信息爆炸的时代，个人信息的安全性面临着前所未有的挑战。大学生在处理个人信息时，应严格遵循隐私保护原则，不随意泄露他人信息，同时加强自身信息安全意识，妥善保管自己的个人数据。这不仅是对他人权利的尊重，更是对自身利益的有效保护。例如，在注册网络账号时，确保提供真实准确的信息，并注意保护个人隐私设置，避免个人信息被过度收集和滥用。在与他人进行网络交易或交流时，不轻易透露敏感信息，如身份证号码、银行卡号等，防止信息泄露引发的财产安全隐患。

评估学生的网络诚信行为表现，需要综合运用多种方法，以确保评估结果的全面性和准确性。一方面，借助网络行为监测系统，能够对学生在网上交易平台、社交平台等不同网络场景下的行为进行实时监测。通过设置特定的监测指标和算法，系统可以自动识别和记录可能存在的网络不诚信行为，如虚假交易、恶意刷单、传播不实信息等。这种实时监测方式能够及时发现问题，为后续的教育干预和管理提供有力支持。另一方面，结合问卷调查和案例分析，能够从不同角度深入了解学生对网络诚信原则的认知和在实际行为中的遵循情况。问卷调查可以覆盖广泛的学生群体，通过设计科学合理的问题，了解学生对网络诚信的态度、认知水平以及在不同网络情境下的行为倾向。案例分析则可以通过选取具有代表性的网络诚信案例，引导学生进行深入分析和讨论，从实际案例中汲取经验教训，增强学生对网络诚信问题的感性认识和理性思考。通过将这两种方法有机结合，能够全面、深入地评估学生的网络诚信行为表现，为网络道德教育提供有针对性的指导和建议。

（三）积极参与网络道德行为

在网络这个信息传播迅速、影响力广泛的平台上，大学生的行为选择和价值取向对网络文化的健康发展具有重要意义。这一指标主要考查学生是否能够主动在网络空间中传播正确的价值观和道德观念，通过自身的言行影响和引导他人，共同营造良好的网络环境。正确的价值观和道德观念是网络文化的灵魂，能够为网络空间注入积极向上的精神力量。

第一，学生可以通过多种方式积极参与网络道德行为。分享网络安全知识、个人隐私保护技巧、尊重他人的重要性等方面的经验和信息，是提升其他用户网络安全意识和道德素养的有效途径。如今网络安全问题日益严峻，个人隐私泄露事件频发，通过分享相关知识和技巧，能够帮助更多用户增强自我保护能力，同时增强网络安全意识。在面对网络不良信息时，大学生应展现出高度的责任感和批判性思维能力，积极主动地进行反驳和纠正。网络不良信息如虚假新闻、低俗内容、有害思想等，不仅会误导公众舆论，影响人们的价值观和行为方式，还会对网络生态环境造成严重破坏。大学生通过理性的思考和客观的分析，揭示不良信息的本质和危害，引导公众正确看待问题，避免被虚假信息误导。

第二，积极参与网络道德行为，是大学生协助平台管理方维护网络秩序的重要举措。网络恶意行为如网络暴力、网络诈骗、侵权行为等，严重侵犯了他人的合法权益，破坏了网络的正常秩序。大学生作为网络的参与者，有责任和义务及时发现并举报这些恶意行为，为净化网络环境贡献自己的力量。为了全面了解学生积极参与网络道德行为的情况，需要对学生在网络平台上的正向行为进行详细分析。这包括对学生发布的内容、参与的话题讨论、发起的公益活动等多个方面进行深入研究。通过统计学生积极参与网络道德行为的频率和影响力，可以直观地反映出学生在网络道德建设中的贡献程度。在技术层面，可以采用网络数据分析工具，对学生的行为数据进行挖掘和分析。这些工具能够收集和整理学生在网络平台上的各种行为数据，如发布帖子的数量、点赞数、评论数、转发数等，通过对这些数据的分析，能够了解学生在网络社区中的活跃度和传播效果。例如，通过分析学生发布内容的传播范围和受众反馈，评估其对网络价值观传播的影响力；通过统计学生参与话题讨论的频率和深度，了解其在网络舆论引导中的作用。

第二节 评估方法与工具

一、问卷调查法

问卷调查法在网络道德教育效果评估中占据着核心且广泛应用的地位，是一种极为重要的数据收集工具。其优势在于能够凭借精心设计的问卷，通过大规模收集学生的反馈信息,从而全面获取他们在网络道德方面的知识储备、态度倾向以及行为模式等多维度数据。

(一)设计原则

简洁性原则要求问卷语言精练、问题表述清晰,避免出现冗长复杂的语句,使学生能够迅速理解问题意图,减少因理解偏差导致的错误回答。易懂性原则强调问题应使用通俗易懂的词汇和表达方式,契合学生的认知水平,确保不同知识层次的学生都能准确理解问题的含义。客观原则要求问卷设计过程中,避免出现引导性问题,即不能通过问题的表述方式或暗示性语句,影响学生的回答方向,确保学生能够依据自身真实想法作答。同时,也要杜绝模糊性问题,防止问题语义不清,让学生产生困惑,进而影响回答的准确性。全面性原则要求问题设置要全面覆盖网络道德知识、态度和行为三个关键层面。网络道德知识层面涵盖网络法律法规、道德准则等基础知识;态度层面涉及学生对网络道德问题的看法、价值观等主观认知;行为层面则聚焦于学生在网络环境中的实际行为表现。

(二)调查对象的选取

应充分考虑学生群体的多样性,选取不同年级、专业和地域的学生作为样本。不同年级的学生在网络使用经验、知识储备以及价值观形成等方面会存在一定差异,低年级学生可能对网络道德的认知相对较浅,而高年级学生则可能在网络活动中有更深入地体验和思考。不同专业的学生由于学科背景不同,对网络的应用场景和需求也有所不同,例如理工科学生可能更多地在专业学习和科研中使用网络,文科学生则可能在信息传播和文化交流方面有更多的网络活动,这些差异都会影响他们的网络道德观念和行为。地域因素同样不可忽视,不同地区的文化氛围、经济发展水平以及网络普及程度等方面存在的差异,也会导致学生在网络道德表现上有所不同。通过选取具有代表性的样本,可以更全面地反映整个学生群体的网络道德状况。此外,进行横向和纵向的比较研究具有重要意义。横向比较可以分析不同群体学生在同一时期的网络道德水平差异,为针对性的教育策略制定提供依据;纵向比较则能够追踪学生在接受网络道德教育前后的变化情况,直观地评估教育效果,了解教育对学生网络道德水平提升的实际影响。

（三）问卷发放与回收

为确保问卷能够广泛传播并获得较高的回收率，可采用线上与线下相结合的方式。在线平台具有便捷、高效的特点，能够迅速将问卷推送给大量学生，突破时间和空间的限制。常见的在线问卷调查平台如问卷星、腾讯问卷等，具备丰富的问卷设计模板和数据分析功能，便于问卷的创建、发放和结果统计。同时，线下发放问卷可以结合课堂教学、学生活动等场景进行。在课堂教学中发放问卷，教师可以现场讲解问卷的填写要求和注意事项，确保学生认真对待问卷填写，提高问卷质量。在学生集体活动现场发放问卷，能够接触到不同兴趣爱好和社交圈子的学生，进一步扩大样本的覆盖面。为了提高回收率，可以采取一些激励措施，如向参与问卷填写的学生提供抽奖、发放小礼品或学习资料等，激发学生的参与积极性。此外，及时跟进问卷回收情况，对未填写问卷的学生进行适当提醒，也是提高回收率的有效手段。

二、行为观察法

（一）观察维度

1. 网络言论维度

网络言论维度在行为观察法中占据着核心地位，是深入了解学生网络道德素养的关键切入点。此维度聚焦于学生在网络平台上发布的各类言论，从多个层面进行细致剖析。

（1）言论内容的规范性审查

着重关注学生发布的言论内容是否严格遵循道德规范。在当今信息爆炸的网络时代，不良信息如辱骂、歧视、造谣等时有出现，严重影响网络生态环境。因此，审查学生言论内容是否存在此类不良信息至关重要。例如，在一些社交平台的讨论区，部分学生可能因情绪冲动或缺乏正确引导，发表带有辱骂性的语言攻击他人，这种行为不仅违背道德准则，还可能引发网络冲突。通过对言论内容的严格审查，能够及时发现学生在道德认知上的偏差，为后续道德教育引导提供依据。

（2）语言风格的文明性考量

语言风格是学生网络言论的外在表现形式，其文明礼貌程度直接反映学生的网络道德修养。文明、礼貌的语言风格要求学生在交流过程中使用恰当的词汇和语气。恰当的词汇选择不仅能够准确表达自己的观点，还能避免因用词不当引发误解或冲突；而合适的语气则体现出对他人的尊重和理解。例如，在学术交流论坛上，学生使用专业、规范且礼貌的语言进行讨论，不仅有助于知识的有效传播，还能营造积极向上的学术氛围。相反，若学生频繁使用粗鄙、低俗的语言，不仅破坏网络交流环境，也反映出其自身道德素养的缺失。

（3）表达意图的积极性判断

分析学生言论的表达意图是否积极正面，对于判断其网络道德素养具有重要意义。积极正面地表达意图旨在促进健康的网络讨论和交流，推动网络社区的良性发展。例如，学生在网络学习小组中分享学习心得、提出建设性的问题解决方案，或者在公益性质的网络平台上宣传正能量事迹，这些言论都有助于激发其他学生的学习热情和社会责任感，为网络空间注入积极正向的活力。通过对表达意图的深入分析，可以全面了解学生在网络言论中的价值取向和道德追求。

2.信息传播行为维度

信息传播行为维度是衡量学生网络道德素养的重要方面，它主要是全面考查学生在网络信息传播过程中的行为选择和价值判断。

（1）信息筛选与核实的责任意识

在网络信息海量且繁杂的背景下，学生是否具备对所传播信息进行筛选和核实的责任意识至关重要。虚假、有害信息的传播不仅会误导公众，还可能引发社会不稳定因素。例如，在疫情期间，常有一些未经证实的谣言在网络上迅速传播，造成公众恐慌。具备良好网络道德素养的学生能够主动对信息来源进行甄别，通过官方渠道、权威媒体等核实信息真实性，避免传播不实信息。这不仅体现了学生对网络信息传播的审慎态度，更是其社会责任感的重要体现。

（2）版权尊重与保护的法律意识

随着知识经济的发展，版权保护成为网络环境中的重要议题。学生在信息传播过程中是否尊重信息的版权，不随意抄袭或盗用他人作品，是衡量其网络道德水平的重要指标。在学术领域，论文抄袭、盗用他人研究成果等行为严重违背学术道德和法律规定。在网络信息传播中，学生应树立正确的版权和积极产权意识，遵循相关法律法规，在引用他人作品时注明出处，确保信息传播的合法性和正当性。这不仅有助于保护原创作者的权益，也有利于营造健康、有序的网络知识传播环境。

（3）正能量信息传播的积极作用

积极传播正能量信息是学生发挥网络道德引领作用的重要方式。正能量信息如正面的新闻报道、有益的知识分享等，能够弘扬社会正气，传递积极向上的价值观。例如，学生在社交媒体上分享先进人物的事迹、科普健康知识、宣传环保理念等，能够激发更多人关注社会热点问题，提高公众的道德素质和社会文明程度。通过观察学生在正能量信息传播方面的行为表现，可以了解其对网络社会责任的认知和践行情况。

3.在线互动方式维度

在线互动方式维度聚焦于学生在网络社交中的互动模式，旨在从多个角度展现学生的网络道德素养和人际交往能力。

（1）尊重他人意见与倾听理解能力

在网络社交中，与他人的交流方式是否尊重他人意见，是否善于倾听和理解不同观点，是构建良好网络人际关系的基础。尊重他人意见意味着学生能够以开放、包容的心态对待不同的声音，不轻易否定他人观点。善于倾听和理解则要求学生能够认真倾听他人的发言和意见，理解其背后的想法和情感，避免主观臆断和片面解读。例如，在网络小组讨论中，学生能够充分尊重每个成员的发言权利，认真听取他人的建议，并通过理性分析进行回应，有助于促进讨论的深入进行，提高团队协作效率。这种尊重和理解他人的互动方式不仅能体现学生的道德修养，也有助于培养其批判性思维和沟通能力。

（2）理性沟通与冲突解决能力

在网络社交中，分歧和冲突难以避免。学生在面对分歧和冲突时，能否以理性、平和的方式进行沟通和解决，避免情绪化的争吵和攻击，是衡量其网络道德素养的重要标志。理性沟通要求学生在表达自己观点时，要基于事实和逻辑，避免情绪化的宣泄；在面对他人提出的不同意见时，能够保持冷静，通过平等对话寻求共识。例如，在网络论坛上，当出现观点分歧时，学生能够以理性的态度分析问题，通过引用权威资料、合理阐述观点等方式进行沟通，而不是恶语相向或对其进行人身攻击。这种理性沟通和冲突解决能力不仅有助于维护良好的网络交流氛围，还能提升学生的人际交往能力和心理素质。

（3）建设性互动与合作能力

积极参与建设性的互动，如合作完成项目、共同探讨问题等，是学生在网络社交中发挥积极作用的重要体现。通过建设性互动，学生能够与他人相互学习、共同进步，促进良好网络人际关系的建立。在合作完成项目过程中，学生需要明确分工、相互协作，充分发挥各自的优势，共同实现目标。例如，在网络创业项目中，学生们通过线上协作平台，共同策划方案、开展市场调研、制定营销策略等，不仅锻炼了团队合作能力，还培养了创新精神和责任感。这种建设性互动不仅丰富了学生的网络社交体验，也为其未来的社会发展奠定了坚实基础。

（二）观察场景的选择

1. 网络课堂场景

网络课堂作为学生进行学习和交流的重要网络场所，具有独特的教育环境和行为规范，为观察学生的网络道德表现提供了丰富的素材。

（1）学习主题的聚焦与参与度

在网络课堂中，学生的发言是否围绕学习主题展开，是衡量其学习态度和网络道德素养的重要指标。专注于学习主题的发言能够体现学生对课程内容的关注和思考，有助于推动课堂教学的顺利进行。例如，在在线数学课程中，学生围绕数学定理的应用、解题思路等问题进行积极讨论，不仅加深了对知识的理解，还营造了良好的学习氛围。通过观察学生在网络课堂上的发言内容，能够了解其对学习的投入程度和对知识的掌握情况，也能发现学生是否具备尊重教学秩序、专注学习的网络道德意识。

（2）发言权利的尊重与互动意识

在网络环境下，每个学生都有平等的发言机会，尊重他人的发言权利意味着学生能够耐心倾听他人的观点，不随意打断或干扰他人发言。同时，积极参与课堂互动也是学生网络道德素养的重要体现。例如，学生在教师讲解知识过程中认真听讲，在提问环节积极提出并回答问题，与其他同学进行互动讨论，不仅能够提高自己的学习效果，还能促进整个班级的学习氛围。

（3）网络学习情境下的道德表现

网络课堂中的学习情境与传统课堂有所不同，学生需要具备一定的自主学习能力和自律意识。观察学生在网络课堂上的行为，如是否按时出勤、是否认真完成在线作业、是否积极参与小组讨论等，能够全面了解他们在学习情境下的网络道德素养。例如，一些学生可能因为网络学习的自主性较强，出现迟到、早退甚至旷课的现象，这反映出其缺乏自律性和对学习的责任感。而那些能够按时完成学习任务、积极参与课堂互动的学生，则展现出良好的网络道德品质和积极的学习态度。

2. 社交平台场景

社交平台是学生日常社交活动的主要媒介，如微信、微博、QQ 等，学生在这些平台上的行为更加自由和多样化，为观察学生在社交情境中的网络道德观念和行为模式提供了广阔的视角。

（1）动态发布与自我展示

学生在社交平台上发布的动态是其自我展示的重要方式，通过观察他们发布的动态内容能够了解学生的兴趣爱好、价值取向和网络道德观念。例如，一些学生经常发布积极向上的生活照片、学习心得、公益活动参与情况等，展示出阳光、健康的形象；而另一些学生则可能发布一些低俗、消极的内容，反映出其道德观念的缺失。通过对学生动态发布内容的分析，能够及时发现学生在网络社交中的道德问题，并进行针对性地引导。

（2）朋友互动与人际关系维护

社交平台上与朋友的互动方式是衡量学生网络道德素养的重要方面。学生在与朋友互动过程中，是否尊重朋友的感受、是否积极回应朋友的关心、是否能够妥善处理朋友之间的矛盾等，都体现了其网络道德水平。例如，在微信聊天中，学生能够及时回复朋友的消息，用礼貌、友好的语言进行交流，当朋友遇到困难时给予关心和支持，这些行为都有助于维护良好的人际关系。相反，如果学生在与朋友互动中表现出冷漠、不尊重的态度，可能会影响朋友之间的感情，也反映出其网络道德素养的不足。

（3）话题讨论与观点表达

社交平台上的话题讨论是学生表达观点、参与社会热点话题的重要途径。通过观察学生在话题讨论中的表现，能够了解其对社会问题的关注程度、道德判断标准和价值取向。例如，在微博上关于某一社会热点事件的讨论中，学生能够理性分析问题，发表客观、公正的观点，积极参与正能量的传播，体现出其良好的社会责任感和网络道德素养。而一些学生可能在话题讨论中发表极端、片面的观点，甚至参与网络暴力，这反映出其缺乏正确的价值观和网络道德意识。

3. 论坛场景

论坛作为学生分享观点、交流兴趣爱好的开放平台，汇聚了不同背景的学生，形成各种丰富多样的话题讨论，为全面评估学生在开放网络环境中的道德表现提供了独特的视角和参考依据。

（1）发言内容与专业素养

在论坛中，学生的发言内容能够反映其专业素养和知识储备，也能体现其网络道德观念。例如，在学术论坛上，学生围绕专业领域的问题进行深入探讨，发表具有一定学术价值的观点和见解，展示出扎实的专业知识和严谨的学术态度。而在兴趣爱好论坛上，学生分享自己的经验和心得体会，传播积极向上的文化和价值观。通过观察学生在论坛上的发言内容，能够了解其在不同领域的知识水平和道德素养，发现学生在网络交流中的优势和不足。

（2）观点回应与批判性思维

对不同观点的回应方式是衡量学生批判性思维和网络道德素养的重要指标。在论坛讨论中，学生难免会遇到与自己观点不同的声音，此时如何回应这些观点能充分体现其思维方式和道德品质。具备良好网络道德素养的学生能够以开放、包容的心态对待不同观点，再通过理性分析和客观论证进行回应，而不是盲目反驳或攻击。例如，在科技论坛上，当面对不同的技术观点时，学生能够认真倾听对方的见解和理由，结合自己的知识和经验进行分析，提出合理的质疑和建议，这种回应方式不仅有助于深化讨论，还能促进学生批判性思维的发展。

（3）群体讨论中的角色定位

在群体讨论中，学生的角色定位能够反映其团队协作能力和网络道德素养。有些学生可能在讨论中扮演组织者的角色，积极引导话题方向，协调各方意见，促进讨论的有序进行；有些学生则可能是积极参与者，善于贡献自己的观点和想法，为讨论提供有价值的信息；还有些学生可能是倾听者，在学习他人观点的同时，也能对讨论的内容及讨论方进行客观评价。通过观察学生在群体讨论中的角色定位，能够了解其在网络社交中的协作能力、沟通能力和领导能力，以及是否具备团队精神和责任感。

（三）数据分析与总结

1. 定量分析

定量分析作为数据分析的重要方法之一，通过对行为数据进行量化处理，能够直观地呈现学生网络行为的特征和规律。

（1）行为数据的量化指标

定量分析涉及多个行为数据的量化指标，如统计学生发布的言论数量、信息传播的频率、在线互动的时长等。言论数量能够反映学生在网络平台上的活跃程度，在一定程度上体现其对网络交流的参与度；信息传播频率则可以衡量学生在信息扩散过程中的影响力，了解其是否积极参与信息传播活动；在线互动时长则反映学生在网络社交中的投入时间，也从侧面反映其对网络人际关系的重视程度。通过对这些量化指标的统计和分析，能够构建学生网络行为的基本画像，为后续深入研究提供基础数据支持。

（2）对比分析与趋势发现

通过对不同学生或同一学生在不同时间段的数据进行对比分析，可以发现其行为的变化趋势，评估网络道德教育对学生行为的影响程度。例如，将不同班级学生的言论数量进行对比，能够了解不同班级在网络参与度上的差异，分析可能存在的原因；对同一学生在网络道德教育前后的信息传播频率进行对比，若发现教育后信息传播频率有所下降且传播内容更加严谨，说明网络道德教育在引导学生审慎对待信息传播方面取得了一定成效。这种对比分析有助于教育者及时了解学生网络行为的动态变化，为调整教育策略提供依据。

2. 定性分析

定性分析侧重于对行为数据的内容和意义进行深入理解，通过对学生言论的语义分析、信息传播的动机解读以及在线互动的情境分析等，揭示学生行为背后的道德观念和价值取向。

（1）语义分析与道德判断

对学生言论的语义分析是定性分析的重要环节。通过运用自然语言处理技术和语义理解方法，深入剖析学生言论的内涵和情感倾向，能够了解其道德判断标准。例如，在分析学生对某一社会热点事件的评论时，通过语义分析可以判断学生的观点是支持还是反对，以及其表达观点时所蕴含的道德情感。如果对于正面的热点事件学生在评论中使用了积极、正面的词汇，表达对正义行为的赞赏和支持，说明其具有正确的道德判断标准；反之，如果在评论中包含负面、消极的词汇，甚至出现不道德的言论，则反映出学生在道德认知上可能存在偏差。

（2）动机解读与价值取向

解读学生信息传播的动机能够深入了解其价值取向。信息传播动机可能多种多样，包括分享知识、娱乐大众、追求关注等。通过对学生传播的信息内容和传播渠道进行分析，结合其在网络平台上的行为模式，就可以推断其传播动机。例如，学生频繁传播正能量的科普知识，且在相关领域积极参与讨论，说明其传播动机可能是分享知识、促进学习，体现出积极向上的价值取向；而如果学生经常传播一些低俗、虚假的信息以获取关注和点赞，则反映出其价值取向存在问题，需要进行引导和教育。

（3）情境分析与行为理解

在线互动的情境分析有助于全面理解学生的行为。网络社交情境复杂多样，不同的情境可能导致学生表现出不同的行为方式。例如，在网络学习小组的互动中，学生的行为可能更多地受到学习任务和团队目标的影响；而在个人社交平台上的互动则可能更侧重于情感交流和人际关系维护。通过对互动情境的分析，能够更好地理解学生行为背后的原因和背景，从而更准确地评估其网络道德素养。例如，在网络学习小组中，学生因急于完成任务而出现言语急躁或不文明的情况，与在个人社交平台上故意发表攻击性言论的行为性质有所不同，需要根据具体情境进行分析和判断。

三、测试评估法

（一）网络道德知识测试

网络道德知识测试在评估大学生对网络道德规范及相关法律的掌握程度方面，占据着举足轻重的地位。它宛如一把精准的"测量尺"，能够系统且全面地考量学生在网络道德知识领域的储备情况。

1. 测试题目的全面设计

为确保测试的科学性与全面性，测试题目需精心设计，要全面覆盖网络道德的众多关键知识点。其中涵盖网络法律法规、网络礼仪、网络安全、知识产权保护等多个核心领域。

（1）网络法律法规领域

网络作为一个复杂且庞大的虚拟空间，法律法规是维护其正常秩序的重要保障。在设计相关测试题目时，应紧密围绕《中华人民共和国网络安全法》《中华人民共和国治安管理处罚法》等一系列重要法律中关于网络行为规范的条款。例如，设置题目"依据《中华人民共和国网络安全法》，简述个人在网络环境中保护个人信息安全的法律责任"，以此考查学生对网络违法行为的细致认知和深入理解，促使学生明确在网络世界中的行为边界，增强法律意识。

（2）网络礼仪领域

网络礼仪是构建和谐网络交流环境的基石。相关题目可聚焦于学生在网络交流中的语言规范、尊重他人隐私等关键方面。如"请阐述在网络论坛中发表言论时，如何做到既能清晰表达自己观点又尊重他人意见，避免侵犯他人隐私"，引导学生认识到网络交流并非毫无纪律约束，需遵循一定的道德准则，以维护良好的网络社交秩序。

（3）网络安全领域

随着网络技术的飞速发展，网络安全问题日益凸显。测试题目应涉及网络诈骗防范、个人信息保护等重要内容。例如，"当你收到一封疑似网络诈骗的邮件，包含不明链接和要求提供个人敏感信息时，你应采取哪些措施来保障自身安全"，通过此类题目检验学生对网络安全风险的敏锐认识和有效应对能力，提升学生在网络环境中的自我保护意识。

（4）知识产权保护领域

在知识经济时代，知识产权保护在网络环境中显得尤为重要。题目可围绕学生对版权、商标权等知识产权的理解，以及在网络环境中如何避免侵权行为展开。比如，"在网络创作过程中，引用他人作品时，应遵循哪些版权规定以避免侵权"，促使学生尊重知识产权，树立正确的网络创作观念。

2.多样化的测试形式

为了从不同维度全面考查学生的知识运用能力，网络道德知识测试的形式应多样化。

（1）选择题

选择题以其简洁高效的特点，能够快速考查学生对网络道德基础知识的掌握情况。例如,"以下哪种行为属于违反中华人民共和国网络安全法的行为? A.使用复杂密码保护账号;B.随意点击不明链接;C.定期更新杀毒软件",通过此类题目,学生能够快速回顾和巩固网络道德知识的基本要点。

(2)判断题

判断题则侧重于检验学生对一些关键概念的准确理解。例如,"在网络社交中,转发未经证实的信息不构成侵权行为。(对/错)",这种形式的题能够帮助学生准确把握网络道德概念的内涵与外延,避免模糊认知。

(3)简答题

简答题要求学生对知识点进行深入分析和阐述,全面展示他们的知识运用能力。例如,"请详细阐述网络礼仪在维护网络和谐环境中的重要作用,并结合实际案例说明",回答此类题目,学生不仅需要掌握理论知识,还需具备将知识与实际相结合的能力,而解答这类题则可以加深学生们对网络道德知识的理解与应用。

(二)心理量表测评

心理量表测评作为一种深入探究学生网络道德态度、行为倾向等心理因素的有效方法,在网络道德教育研究中具有不可替代的作用。借助经过科学验证的心理学量表,能够精准测量学生在网络道德相关方面的心理特征,为网络道德教育提供极具价值的心理学参考依据。

1. 网络欺凌态度的测量

网络欺凌作为网络环境中的一种不良行为,对学生的身心健康和网络生活质量产生严重影响。通过特定的量表测量学生对网络欺凌的态度,能够深入了解他们对这种不良行为的认知、容忍程度以及是否具有干预的意愿。

量表中的题目应从不同角度全面反映学生对网络欺凌的看法及应对措施。例如:"你认为网络欺凌是一种严重的问题吗?"

A. 非常严重

B. 比较严重

C. 一般

D. 不太严重

E. 不严重

此类题目能够直接获取学生对网络欺凌严重程度的主观认知。

再如："如果看到他人遭受网络欺凌，你会采取什么行动？"

A. 立即制止并向相关平台举报

B. 私下联系受害者表示关心

C. 围观但不参与

D. 觉得与自己无关，不采取任何行动

通过这一题目可以分析学生在面对网络欺凌时的行为倾向，进而判断其对网络欺凌的态度。

2. 网络诚信观念的测量

量表围绕学生在网络交易、网络社交等场景中的诚信意识和行为倾向进行设计，以深入了解他们的网络诚信观念。

在网络交易场景方面，设置题目："在网上交易中，你会如实填写商品信息吗？"

A. 一定会

B. 通常会

C. 偶尔会

D. 很少会

E. 绝对不会

通过学生的回答，了解他们在商业活动中的诚信态度。

在网络社交场景方面设置题目："当发现朋友在网络社交中提供虚假信息时，你的态度是？"

A. 直接提醒朋友并要求改正

B. 委婉暗示朋友注意

C. 觉得无所谓，不做处理

D. 与朋友一起提供虚假信息

从学生的选择中分析他们对网络社交诚信的重视程度。

心理量表测评的重要意义不仅在于揭示学生当前的心理状况，更在于为网络道德教育提供切实可行的指导。根据测评结果，教育者能够制定更具针对性的教育策略。

3. 针对网络欺凌态度消极的学生

对于那些对网络欺凌态度消极，如认为网络欺凌不太严重或面对网络欺凌不打算采取行动的学生，教育者可开展专项教育活动。通过组织主题班会、案例分析、角色扮演等多种形式，引导学生深刻认识网络欺凌的危害，培养他们的同情心和社会责任感。例如，在主题班会中，播放网络欺凌受害者的真实案例视频，让学生直观感受网络欺凌对受害者身心造成的创伤，激发学生对受害者的同情，进而促使他们积极主动地反对网络欺凌行为。

4. 针对网络诚信观念薄弱的学生

对于网络诚信观念薄弱的学生，教育者应加强诚信教育。通过开展诚信主题讲座、组织诚信实践活动等方式，引导学生树立正确的价值观和行为准则。例如，在诚信主题讲座中，邀请专家讲解诚信在网络社会中的重要性，然后结合实际案例分析网络不诚信行为的后果；在诚信实践活动中，鼓励学生在网络交易和社交中践行诚信原则，通过实际行动强化诚信意识，逐步培养他们在网络环境中的诚信行为习惯。

第三节　教育效果的反馈与改进

一、反馈机制建立

（一）评估结果及时反馈

在大学生网络道德教育这一错综复杂的宏大体系中，评估结果的及时反馈宛如一颗关键的"定盘星"，精准锚定教育有效性的方向，成为确保教育实践顺利推进、达成预期目标的核心环节。

从教育信息流转的专业视角深入剖析，确保评估结果能够迅速且准确地传递给教师与教育管理者，其意义重大且深远。教师，作为教育活动的直接践行者与引导者，在整个教育过程中扮演着至关重要的角色。他们迫切需要依据精确且即时的评估结果，抽丝剥茧般深入洞察学生在网络道德教育进程中的学习进展、行为动态以及情感变化的微妙趋势。且这一过程绝非简单的表面观察，而是需要教师运用专业的教育洞察力与自身敏锐的感知力。通过精准的评估结果，教师不仅能够精准定位学生在网络道德认知与社会实践中存在的深层次问题，还能以此为依据，迅速且灵活地调整教学策略，以全方位满足学生层次、个性化的学习需求。例如，当评估结果清晰显示学生在网络隐私保护这一关键知识点上理解薄弱时，教师需展现出卓越的教学智慧，及时增加丰富多样且极具代表性的相关案例分析，引导学生从不同角度深入思考，强化学生对该内容的理解与应用能力，使学生在面对复杂多变的网络环境时，能够切实掌握保护自身隐私的有效方法。

教育管理者则站在更为宏观、全面的战略高度，统筹把控教育资源的合理分配与教育政策的科学制定。及时获取评估结果，犹如为他们开启了一扇洞察全局的窗口，使其能够从整体上精准把握网络道德教育的实际成效，敏锐发现教育过程中潜藏的系统性问题。例如，若多个班级的评估结果均一致表明学生在网络言论规范方面存在较大问题，教育管理者需凭借其高瞻远瞩的决策能力，据此果断调整学校层面的网络道德教育规划。加大对网络言论规范教育资源的投入力度，精心组织一系列具有针对性、实效性的专题教育，从制度建设、文化营造等多个维度入手，全面提升学生的网络言论素养。

教师定期查看学生的学习成果、行为表现和情感变化，是实现有效反馈的重要且不可或缺的途径。学习成果的查看方式丰富多样且极具专业性，涵盖在线测试、课程作业、项目报告等多种形式。通过对这些成果进行细致入微、抽丝剥茧的深度分析，教师能够全面、深入地了解学生对网络道德知识的掌握程度，包括对网络法律法规、网络礼仪等多方面知识的理解与灵活运用能力。

行为表现的观察则需要教师具备广泛的视野与细致的观察力，全面涵盖学生在网络课堂、在线讨论、社交平台等不同网络场景中的行为。例如，在网络课堂中，教师需密切关注学生是否积极主动地参与讨论，是否能够尊重他人观点，展现出良好的沟通素养；在社交平台上，教师要留意学生发布的言论是否符合网络道德规范，是否能够传播正能量，营造积极健康的网络氛围。

情感变化的关注对教师的敏感度与同理心提出了更高要求。教师需凭借敏锐的感知力，精准捕捉学生在网络学习与交流过程中的情绪波动。例如，通过学生在讨论中的语气、表情符号等看似细微却极具价值的细节，深入洞察他们对网络道德教育内容的兴趣、态度以及可能存在的困惑，从而为个性化的教育引导提供有力支撑。

第七章 大学生网络道德教育的评估与反馈

发现问题后做出快速反应,是教育反馈机制发挥关键作用的核心要义所在。这对教师提出了极高的要求,不仅需要教师具备高度的教育敏感性,能够迅速察觉学生在网络道德方面存在的问题,还需要教师拥有灵活多变、与时俱进的教学应变能力。一旦发现问题,教师应毫不犹豫地迅速调整教学计划,精心挑选并采用更具针对性、实效性的教学方法。例如,如果发现学生在网络信息传播的真实性判断上存在困难,教师可以引入一系列典型且具有深度的实际案例进行抽丝剥茧般的剖析,再组织富有成效的小组讨论,引导学生从不同视角深入思考如何辨别网络信息的真伪,从而全面提升他们的信息甄别能力,使学生在纷繁复杂的网络信息海洋中能够始终保持清醒的头脑,明辨是非。

(二)反馈渠道的多样性

在构建全面、精准且高效的大学生网络道德教育反馈体系的复杂工程中,反馈渠道的多样性无疑是不可或缺的核心要素,它犹如多面镜子,从不同角度精准映射出学生网络道德教育的真实状况,为教育决策提供全面、准确的依据。

传统的反馈方式中,学生的自我报告占据着重要地位,是极为关键的信息来源之一。学生作为教育活动的直接参与者,对自身在网络道德学习与实践过程中的独特体验和深刻认知有着最为直接、真切地感受。通过设计科学严谨、逻辑缜密的自我报告问卷或访谈提纲,鼓励学生秉持实事求是的态度,如实分享自己在网络道德教育中的收获、困惑以及在网络行为中的道德判断和选择。例如,问卷中可以精心设置具有启发性与针对性的问题,如询问学生在面对网络谣言时的心理活动和实际行为,以及他们对网络道德教育对自身行为影响程度的深刻思考。然而,仅依靠学生的自我报告难免存在一定的局限性,还难以全面、客观地反映学生的网络道德状况。

教师在日常教学和与学生的密切互动过程中,应凭借其专业的教育视角和丰富的教学经验,全方位、多维度地观察到学生在网络学习环境中的诸多表现。他们可以从专业教育者的独特视角出发,运用科学的评价标准和方法,对学生的网络道德知识掌握情况、行为表现以及态度转变进行客观公正、全面深入的评价。

家长作为学生成长过程中至关重要的陪伴者与引导者,对学生在家庭网络环境中的行为有着独一无二的观察视角。家庭作为学生成长的第一课堂,家长在学生网络道德教育中扮演着不可替代的角色。家长可以详细反馈学生在家中的网络使用习惯、与家人交流网络信息时的态度以及在网络社交中的具体言语、行为表现等。例如，家长可以提供学生在家庭网络环境中是否存在沉迷网络、过度消费等行为信息，这些信息对于全面、深入地了解学生的网络道德状况具有重要的补充与完善作用，能够帮助教育者更准确地把握学生的网络行为特点和需求。

同伴之间的互动和交流在学生的网络生活中占据着举足轻重的地位。同伴反馈犹如一面镜子，能够真实、生动地反映出学生在同龄人社交圈子中的网络道德形象。学生在与同伴的网络互动中，其行为表现往往更加自然、真实，较少受到外界因素的干扰。例如，同伴可以分享在网络游戏、社交媒体群组等场景中，某个同学是否严格遵守游戏规则、是否始终尊重他人意见、是否积极主动地传播正能量等方面的信息。

利用先进的技术手段，如在线平台和数据分析工具，进行实时反馈，是现代教育反馈机制的重大创新与突破。在线平台为教育者、学生、家长和同伴之间的沟通搭建了一座便捷、高效的桥梁，打破了时间与空间的限制，实现了信息的即时传递与共享。通过专门设计的网络道德教育反馈平台，各方可以实时上传和获取反馈信息。例如，教师可以在平台上发布学生的阶段性评估报告，详细呈现学生在网络道德教育过程中的学习成果、行为表现以及存在的问题；学生可以随时查看评估报告，并提交自己的反馈意见，表达自己的困惑与需求；家长也可以通过平台全面了解学生在学校网络道德教育中的进展情况，并及时反馈学生在家中的相关表现，实现家校之间的无缝对接与协同育人。

数据分析工具则犹如一位智慧的"洞察者"，能够对大量的反馈数据进行深度挖掘和分析。通过对学生在网络学习平台上的行为数据、在线测试成绩、社交平台互动记录等多源数据的综合分析，能够直观发现学生网络道德行为的潜在模式和发展趋势。例如，通过对学生在网络课程中的参与度数据进行深入分析，教育者可以清晰地了解哪些学生在网络道德学习中表现积极主动，哪些学生存在参与度不足的问题，进而有针对性地采取激励措施；通过对学生在社交平台上的言论数据进行细致分析，能够准确判断学生的网络言论倾向是否符合道德规范，以及不同时间段内学生网络道德行为的变化情况，为及时调整教育策略提供科学依据。

二、改进措施制定

（一）调整教育内容与方式

网络空间作为当今社会不可或缺的重要组成部分，其发展态势与大学生网络道德教育的质量息息相关。基于对大学生网络道德教育效果进行全面、深入且细致入微的评估反馈信息，精准且有的放矢地调整教育内容与方式，已然成为提升教育质量、强化教育实效性的核心要义与关键举措。这一过程恰似一场精心雕琢、精益求精的教育"配方"调配大餐，其终极目标在于为莘莘学子烹饪一份营养丰富、易于吸收且独具特色的网络道德教育"饕餮盛宴"。

1. 教育内容的调整

伴随网络技术以日新月异、一日千里之势迅猛发展，网络环境愈加呈现出复杂多变、波谲云诡的态势，学生在网络世界中面临着纷繁复杂、层出不穷的网络道德问题。在此背景下，增设网络道德、网络法律等相关课程模块，无疑是顺应时代发展潮流以及满足学生多元需求的不二之选。

（1）网络道德课程模块

在网络道德课程模块方面，教学内容的细化与深化显得尤为重要。除向学生传授诸如文明上网、尊重他人隐私等基础的网络道德规范外，还应进一步拓展和丰富教学内容，增加对网络虚拟身份管理、网络社区责任等前沿且具有深度的内容讲解。通过引入大量真实且具有代表性的实际案例以及对社会热点事件进行深度剖析，引导学生从多个维度深入思考网络道德问题的本质内涵与广泛影响。例如，结合某知名网络平台上发生的严重隐私泄露事件，深入分析在大数据时代这一特定背景下，保护个人和他人隐私的极端重要性以及与之相应的道德准则。从信息伦理的角度出发，探讨隐私保护在网络环境中的价值取向，以及如何在技术发展与道德约束之间寻求平衡。

（2）网络法律课程模块

网络空间绝非法外之地，学生必须全面了解相关法律法规，清晰明确自己在网络活动中的权利与义务边界。课程内容应当广泛涵盖网络犯罪的精准定义、多样类型以及相应的法律后果，诸如网络诈骗、网络诽谤等典型犯罪形式。同时，详细介绍网络知识产权保护的法律规定，使学生深刻明白在网络环境中如何合法、合规地使用和创造知识产品,从而有效避免侵权行为的发生。通过具体且生动的案例分析,助力学生透彻理解法律条文在实际网络场景中的具体应用,切实提高他们的法律意识和法律素养。例如,在讲解网络知识产权保护时,深入剖析著作权法在网络环境中的具体规定,再结合实际案例,从法律解释学的角度分析如何判断网络作品的侵权行为,以及侵权者应承担的法律责任,让学生在具体的法律情境中增强自身法律意识。

2. 优化教育方式

传统的单向灌输式教学方法在网络道德教育领域往往难以取得理想效果,因此,迫切需要采用更具互动性、学生参与感和启发性的教学方法。

(1)案例教学法

案例教学法作为一种行之有效的互动式教学方法,通过精心选取具有高度代表性和深刻启发性的网络道德案例,组织学生进行全面、深入且热烈的分析和讨论。在案例讨论过程中,教师应充分发挥引导作用,使学生从不同的学科视角、社会层面以及道德维度思考问题,积极鼓励学生大胆发表自己独特的观点和见解。例如,在讨论某网络暴力事件时,引导学生运用社会学、心理学和伦理学等多学科知识,分析事件中各方的行为是否符合网络道德规范,以及如何从制度建设、社会文化和个体素养等多个层面避免类似事件的发生。

(2)项目式学习法

教师可以设计一系列紧密围绕网络道德主题的项目任务,让学生以小组形式开展合作学习并完成任务。例如,要求学生设计一个兼具创意与教育意义的网络道德宣传海报,或者制作一个生动有趣且富有教育价值的关于网络文明的短视频。在项目实施过程中,学生需要深入研究网络道德知识,将理论与实践有机结合,通过团队成员之间的密切协作完成项目目标。这种教学方法不仅能够显著提高学生的网络道德知识水平,还能有效培养他们的团队合作能力、创新能力以及问题解决能力。从项目管理的角度来看,学生在完成项目的过程中,需要制订计划、分配任务、协调资源,这有助于提升他们的综合素质。

(3)角色扮演法

角色扮演法为学生提供了亲身体验网络道德情境的宝贵机会。教师设定一系列特定的网络道德场景,如网络交易中的诚信问题、网络社交中的冲突处理等,让每个学生扮演不同角色进行模拟表演。通过角色扮演,学生能够更深刻地理解网络道德规范在实际生活中的具体应用及遇到类似问题的处理方法，增强他们在面对真实网络情境时的道德判断和行为选择能力。

（二）加强教育队伍建设

网络道德教育是一个涉及多个学科领域知识的综合性教育领域，涵盖伦理学、法学、心理学以及网络技术等多个学科范畴。专业的网络道德教育师资需要构建扎实的跨学科知识体系，能够将不同学科的理论和方法有机融合，并灵活运用到教学实践中。

1.跨学科知识体系构建

（1）伦理学知识

在伦理学方面，教师应深入钻研道德哲学的基本原理，全面掌握网络道德的理论框架和发展脉络。这使他们能够引导学生从哲学层面深入思考网络道德问题的根源和本质，培养学生正确的网络道德价值观。例如，在讲解网络道德规范的制定依据时，教师可以运用伦理学中的功利主义、义务论等经典理论，深入分析不同道德原则在网络环境中的具体应用和局限性，帮助学生形成独立、理性且科学的道德判断能力。从元伦理学的角度出发，探讨网络道德概念的内涵和外延，以及网络道德判断的依据和标准。

（2）法学知识

法学知识对于网络道德教育师资同样至关重要。教师需要全面熟悉网络相关的法律法规，如《中华人民共和国网络安全法》《中华人民共和国电子商务法》等一系列与网络道德教育相关的重要法律。在教学过程中，能够紧密结合具体的法律条文，向学生详细讲解网络行为的法律边界，使学生清晰明白违法网络行为的法律后果。例如，在讲解网络知识产权保护时，教师可以详细介绍著作权法在网络环境中的具体规定，从法律教义学的角度分析法律条文的构成要件和适用范围，并通过实际案例分析，让学生深入了解如何在网络创作和传播过程中遵守法律，有效避免侵权行为。

（3）心理学知识

心理学知识有助于教师更好地理解学生的心理特点和行为动机，从而采用更具针对性和实效性的教育方法。教师可以运用心理学知识，深入分析学生在网络环境中的心理需求和行为变化规律，如网络成瘾的心理机制、网络社交中的心理需求等。通过了解学生的心理特点,教师能够更好地引导学生树立正确的网络道德观念,帮助他们解决在网络道德学习和实践中遇到的心理困惑。从发展心理学的角度出发,研究不同年龄段学生在网络环境中的心理差异,为个性化教育提供理论支持。

(4)网络技术知识

网络技术知识使教师能够更好地融入学生的网络生活,深入了解学生的网络行为方式。教师需要掌握基本的网络技术知识,如网络平台的使用、网络信息传播的原理等。这使他们能够在教学过程中结合学生熟悉的网络技术和平台,开展针对性强、实效性高的网络道德教育。例如,教师可以利用社交媒体平台的特点,引导学生思考如何在这些平台上遵守道德规范,传播正能量。从新媒体传播学的角度出发,分析网络平台的传播机制和特点,为网络道德教育提供新的视角和方法。

2. 教师能力提升

提升教师在网络道德教育中的能力是确保教育过程高效性和精准性的关键。教师不仅要具备扎实的专业知识,还需要掌握先进的教育教学方法和技能。

(1)教育教学方法培训

教师应接受系统、全面且深入的教育教学方法培训,深入了解不同教学方法在网络道德教育中的应用场景和效果。例如,案例教学法、项目式学习法、角色扮演法等互动式教学方法的运用技巧。通过培训,教师能够根据教学内容和学生特点,灵活、精准地选择合适的教学方法,激发学生的学习兴趣,从而显著提高教学效果。从教育教学理论的角度出发,研究不同教学方法的理论基础和应用原则,可以为教师的教学实践提供理论指导。

(2)教育技术能力提升

随着信息技术在教育领域的广泛应用,教师需要熟练掌握现代教育技术工具,如在线教学平台、教育数据分析软件等。通过运用这些技术工具,教师能够丰富教学资源,拓展教学空间,实现线上线下相结合的混合式教学模式。例如,教师可以利用在线教学平台开展网络道德教育课程,通过教育数据分析软件了解学生的学习情况和行为表现,及时调整教学策略。从教育技术学的角度出发,研究如何利用现代教育技术提升网络道德教育的质量和效果,为教师的教育技术应用提供技术支持。

(3)沟通与团队协作能力

在网络道德教育过程中,教师需要与学生、家长、其他教师以及教育管理者多方进行有效地沟通。良好的沟通能力能够帮助教师深入了解学生的需求和困惑,与家长建立密切的合作关系,与其他教师共同探讨教学经验和方法。团队协作能力则使教师能够积极参与到网络道德教育的团队建设中,共同开发课程资源,开展教育研究,提升整个教育团队的专业水平。从教育管理学的角度出发,研究如何构建良好的教育沟通机制和团队协作模式,为网络道德教育的顺利开展提供组织保障。

参考文献

[1] 薛峰，崔璨，姜楠. 新时期大学生党员道德建设研究[J]. 文化创新比较研究，2019（7）：17-18.

[2] 何广寿. 基于区块链技术的网络空间命运共同体道德治理研究[J]. 出版广角，2019（20）：79-81.

[3] 张元. 网络虚拟社会中人的道德异化与治理路径研究[J]. 广州大学学报（社会科学版），2017（3）：56-62.

[4] 刘慧园. 积极培育网络治理中的四个基本认同[J]. 中国党政干部论坛，2019（12）：73-75.

[5] 李忠华，张峻凡. 基于SFIC模型的高校网络道德协同治理策略研究[J]. 未来与发展，2023（4）：58-63.

[6] 孙绵涛，何伟强，吴亭燕."中国教育治理"的三重内涵[J]. 华东师范大学学报（教育科学版），2024（2）：18-29.

[7] 冯刚，徐先艳. 现代性视域中思想政治教育治理的生成逻辑、基本内涵及时代价值[J]. 教学与研究，2021（5）：85-95.

[8] 赵本燕. 主体间性视域下青年网络道德失范的审视与反思[J]. 理论导刊，2021（12）：82-88.

[9] 王华，万馨妍，宋欣欣. 主流意识形态下大学生网络失范行为干预研究[J]. 湖北开放职业学院学报，2020，33（9）：87-88.

[10] 张鑫萌，李义安. 家庭教养方式对大学生网络利他行为的影响：特质移情的中介作用[J]. 国际公关，2020（4）：19-21.

[11] 王朵. 1例男大学生情感问题的咨询报告[J]. 心理月刊，2020，15（14）：23-24.

[12] 周义顺. 新时代网络空间道德建设的制度化路径[N]. 光明日报，2019-12-03.

[13] 向娴华.网络文化对大学生道德信念的影响及预防机制[J].浙江万里学院学报,2014(1):112-116.

[14] 李奎刚,韦珂.新时代大学生网络道德教育的探究[J].理论观察,2015(3):137-138.

[15] 钟卉邑.网络环境下职业高中班级德育工作研究[J].文化创新比较研究,2017(27):121-123.

[16] 黄若林.网络亚文化对青少年思想道德建设的研究——以网络流行语为例[J].文化创新比较研究,2020(12):84-85.